AF403037

HISTOIRE

DE LA

MARINE FRANÇAISE

PAR

ALFRED DONEAUD

Professeur à l'École Navale

> On ne peut, sans la mer, ni
> profiter de la paix, ni soutenir
> la guerre. (Notables de Paris.
> 1625-1627.)

PARIS

IMPRIMERIE DE DUBUISSON ET Cᵉ

5, rue Coq-Héron.

AVANT-PROPOS

—

Sur le point de commencer notre récit, nous pensons qu'il n'est peut-être pas inutile de jeter un coup d'œil rapide sur les principaux progrès accomplis par la navigation depuis les temps anciens jusqu'à nos jours. Cet exposé nous paraît d'autant plus intéressant que la France peut revendiquer légitimement l'initiative des dernières transformations opérées.

Evidemment le premier corps flottant dont l'homme se soit servi pour se maintenir et se mouvoir sur l'eau a été un tronc d'arbre à peine équarri. Ce n'est que plus tard qu'il a eu l'idée de creuser ce bois, afin de se soustraire au contact de la mer. De là est venu ce que nous appelons aujourd'hui la *pirogue*, mot indien francisé, et qui sert à désigner les barques longues et plates dont se servent encore aujourd'hui les peuplades sauvages de l'Afrique et de l'Océanie. Le besoin de transporter des fardeaux plus considérables ou un plus grand nombre d'individus a fait ensuite inventer le *radeau*, assemblage de pièces de bois liées entre elles et formant un plancher flottant. C'est de l'alliance et du perfectionnement de ces deux essais qu'est né le *navire*, nom qui dans l'origine signifiait tout bâtiment propre à naviguer, et qui est maintenant réservé chez nous aux bâtiments de commerce.

L'invention du navire se perd dans la nuit des temps, comme aussi celles de la *rame* ou *aviron*, et du *gouvernail*, que les Grecs font remonter à leur époque légendaire. Les historiens et les poëtes de l'antiquité ne nous ont laissé là dessus que des renseignements obscurs et contradictoires, et les artistes sont tellement inexacts qu'on ne peut consulter qu'avec la plus grande défiance les monuments et les bas-reliefs. La navigation, dans ses éléments, a dû être inventée à la fois dans les différentes parties du monde, car la pensée de voguer sur les cours d'eau et sur la mer se présente naturellement à l'esprit des peuplades les plus sauvages. Seulement celles-ci s'arrêtent à ce point, au lieu que l'art progresse chez les peuples essentiellement navigateurs. Des renseignements que l'histoire nous a transmis sur les premiers âges, on peut présumer que les maîtres de l'antiquité, en fait de construction navale comme au point de vue du commerce, sont les Phéniciens. Il est très probable que c'est la grande époque tyrienne qui a vu se produire les premiers perfectionnements de la navigation : notamment l'*ancre*, qui était d'abord une grosse pierre puis un simple crochet en métal. la *voilure*, la *sonde*, le *lest*, l'*étude du ciel et des astres*, enfin la *rose des vents*, divisée primitivement en douze rayons.

Un fait que l'on peut affirmer, c'est que de tout temps on a distingué deux sortes de vaisseaux : les uns pour la charge ou le commerce, mus par la voile; ce sont les *vaisseaux ronds*, faits à l'imitation des oiseaux nageurs; les autres, pour la guerre, et mus par l'aviron ; ce sont les *vaisseaux longs*, faits sur le modèle des poissons rapides. Les uns et les autres furent *pontés*, soit en partie, soit en totalité, pour mettre à l'abri hommes ou marchandises, et pour mieux résister à la fureur des vagues.

Les Grecs exprimaient l'échantillon, autrement dit la force de leurs navires de guerre par les mots : *monères*, *dières*, *trières*, etc., et les Romains de la république par des termes correspondants : *unirèmes*, *birèmes*, *trirèmes* *quadrirèmes*, *quinquerèmes*, etc., que l'on traduit par navires à un, deux trois, quatre, cinq rangs de rames. Ce sont les fameuses galères de l'antiquité, qui ont exercé la sagacité de tous les commentateurs, sans qu'on ait pu savoir jusqu'ici dans quel ordre les rameurs étaient rangés sur les bancs ; car la manière dont les rangs de rames étaient disposés est un problème que les archéologues n'ont pu résoudre, pas même le savant auteur du *Glossaire nautique*. Jusqu'à trois rangs de rames superposés, les hommes peuvent manier l'aviron moteur, et la chose est tout aussi concevable que les trois batteries de nos anciens vaisseaux de premier rang. L'expérience d'ailleurs a été faite récemment, et la question résolue victorieusement pour les trirèmes. Mais les historiens nous parlent même d'octirèmes ; et que dire de la galère de Ptolémée Philopator, à quarante rangs de rames et quatre mille rameurs, à moins d'adopter l'ingénieuse explication qu'en a donnée Barras de la Penne, général des galères du temps de Louis XV ? (1) Quant au

---

(1) Elle consiste à disposer cent avirons de chaque côté de la galère, avec vingt rameurs échelonnés en gradins sur chaque aviron, ce qui fait effectivement quarante files de rameurs, de cent hommes chacune, dans le sens de la longueur du bâtiment.

vaisseau de Hiéron, à vingt rangs de rames, construit par Archytas, sur les plans d'Archimède, il faut croire que ce chef-d'œuvre d'architecture navale était un palais flottant, incapable de naviguer.

Du reste, dès le siècle d'Auguste, les galères étaient abandonnées pour le *liburne*, bâtiment plus léger dont les Romains avaient emprunté le nom et la forme aux pirates de la Dalmatie, et qui n'avait généralement qu'un seul rang de rames. Mais à partir du cinquième siècle de notre ère, on revint aux grandes constructions navales, surtout pour les navires de commerce ou de charge.

D'origine italienne, les *galères* ou vaisseaux de guerre du moyen âge, à un seul rang d'avirons, furent en grand usage, principalement dans la Méditerranée, jusqu'à la fin du dix-huitième siècle. C'étaient en général des navires très fins, élevés d'un mètre à un mètre et demi au-dessus de l'eau, d'où on les appelait *vaisseaux de bas-bord*, et longs d'environ cinquante mètres sur six de large. Allant presque toujours à la rame, elles ne portaient que deux mâts à voiles latines, et avaient de chaque côté vingt-six avirons de douze mètres de long, mus par quatre ou cinq rameurs, la plupart forçats ou esclaves, quelques-uns galériens volontaires. Les renseignements ne nous manquent pas sur les galères du moyen âge ; cependant on ne connaît ni l'étymologie du nom, qu'on fait dériver sans raison du mot latin *galea*, casque, ni l'époque précise où l'on a commencé à se servir de ces bâtiments.

Dans l'Atlantique, où les plus gros temps, plus fréquents, et les points de relation, généralement plus éloignés, rendaient le service des galères souvent im-

possible, on continua à employer de préférence les
vaisseaux ronds, appelés *nefs* ou *naves*, ou encore
vaisseaux de haut-bord, par opposition aux galères.
Ces bâtiments ne pouvaient guère aller qu'à la voile.
C'était la marine du Ponant opposée à celle de l'Orient.

Nous ne parlons ici que pour mémoire des longues
barques normandes. On peut consulter à ce sujet
l'*Archéologie navale* de M. Jal. Disons seulement
que les Normands avaient des *drakars*, à voiles et à
rames, pour la haute mer, et des *holkers*, embarcations plus légères, pour remonter les cours d'eau.

Pendant tout le moyen âge, les naves ont dû bais-
ser pavillon devant les galères, parce que leurs
moyens étaient des plus imparfaits. Les vaisseaux
ronds étaient lourds, et sans aucune qualité nautique; le navire de bas-bord, effilé, plus maniable,
était le véritable bâtiment de guerre d'alors. C'est là
ce qui explique les prérogatives accordées en France
jusqu'en 1748 aux commandants et aux gentilshommes montant les galères. Mais quand on commença à
faire usage sur mer de la boussole et de l'artillerie, il
en fut tout autrement.

On fait généralement remonter l'invention de la
boussole aux Chinois, qui nous l'auraient transmise
par les Arabes. Ce qu'il y a de certain, c'est que nos
marins provençaux la connaissaient, dès le douzième
siècle, sous les noms de *marinette* ou *calamite*. Ce
n'était encore qu'une aiguille aimantée tenue en sus-
pension sur un liquide au moyen d'un flotteur.
Au commencement du quatorzième siècle, l'Amal-
fitain Gioja imagina de la disposer sur pivot. Comme
c'était alors la maison d'Anjou qui régnait sur Naples, la fleur de lis servit pendant longtemps à mar-

quer le nord. Jusqu'à l'invention de la boussole, on peut appliquer aux nations européennes ce que le P. Fournier dit des anciens dans son *Hydrographie :* « Ils avaient si peu d'art et d'industrie pour voguer sur mer, que non-seulement ils ne perdaient jamais la terre de vue, mais que, de plus, ils disaient que la mer était fermée pendant l'hiver; c'est-à-dire qu'à cause des tempêtes et des mauvais temps, on ne pouvait, sans vouloir se perdre, monter un navire, depuis le troisième des ides de novembre jusqu'au sixième des ides de mars. » En ouvrant les voies à la grande navigation, la boussole conduisit au perfectionnement de la voilure et de la construction, et rendit possible la découverte des deux Indes.

Néanmoins, les progrès durent être assez lents; car ce qui nous frappe à la fois d'étonnement et d'admiration, c'est la faiblesse des navires qui se lancèrent à la découverte dans l'immense plaine de l'Océan. En 1486, Barthélemy Diaz doubla le cap de Bonne-Espérance avec trois bâtiments, dont le plus grand ne dépassait pas cinquante tonneaux. Il n'était que de cent vingt tonneaux, le *Saint-Gabriel*, vaisseau-amiral de Vasco de Gama, qui alla en 1498 jusqu'à Calicut. L'armement de Christophe Colomb, qui avait coûté environ 100,000 francs de notre monnaie, consistait en trois caravelles, dont une seule, la *Santa-Maria*, de cent tonneaux, était pontée en totalité. Enfin, la *Trinidad*, le plus fort des cinq navires confiés à Magellan, pour entreprendre le premier voyage de circumnavigation, ne dépassait pas les proportions d'un brick-aviso actuel.

Les découvertes maritimes eurent à leur tour

pour résultat de changer les anciennes routes de commerce La Méditerranée, qui n'avait pas cessé, pendant le moyen âge, d'être le principal théâtre de l'activité humaine, n'occupa plus que le second rang. Venise et Gênes commencèrent à déchoir, et l'empire de la mer passa aux nations de l'Europe occidentale. Les Portugais, auxquels revient l'immortel honneur d'avoir montré la route aux autres peuples, jouèrent d'abord le premier rôle; puis ce fut le tour des Espagnols et des Hollandais, et enfin des Anglais et des Français, dont les luttes sanglantes ont arrêté pendant si longtemps les progrès de l'humanité.

L'emploi de l'artillerie sur mer, qui ne commença à se généraliser que vers la fin du quinzième siècle, amena également des modifications profondes dans les méthodes de construire et de combattre. Vers l'an 1500, un constructeur brestois, nommé Descharges, imagina de percer le flanc du navire français la *Charente* d'embrasures, pour y faire passer la volée des bouches à feu. Ce n'est pas que les navires antérieurs au seizième siècle n'eussent déjà de ces ouvertures pratiquées dans la muraille du bâtiment. Les Anglais les nommaient *ports*, d'où probablement nous est venu par corruption le nom de *sabord*. Mais jusqu'alors elles n'avaient servi que de fenêtres ou de portes. L'invention du sabord opéra une véritable révolution dans la stratégie navale. Avant Descharges, les canons des navires étaient placés dans les castels de l'avant et de l'arrière, disposition des plus gênantes: le principal canon des galères était à la proue, comme il l'est aujourd'hui sur nos canonnières, parce qu'il ne fallait pas gêner le mouvement des rameurs. L'avant de la galère devint d'autant plus incapable de lutter contre le flanc des navires de haut-bord, qu'on mit sur ceux-ci deux rangs de batteries superposés. La tactique dut aussi être modifiée. L'ordre de bataille des galères était le *croissant*, tradition de l'antiquité, car il en est fait mention dans le second livre de Thucydide. L'ordre de bataille des vaisseaux, qui commença à être appliqué au dix-septième siècle, et qui a duré jusqu'à la fin du dix-huitième, fut la *ligne*, d'où le nom de vaisseaux de ligne, par opposition aux frégates d'alors, qui ne pouvaient prendre part à une bataille rangée, et qui ne servaient guère qu'à porter les ordres, ou à remorquer, à défaut des galères, les navires désemparés.

C'est aussi à partir du dix-septième siècle que la voilure fut installée plus solidement, sur trois ou quatre mâts verticaux, ayant chacun plusieurs voiles carrées superposées, et sur un mât incliné, portant lui-même, vers son extrémité, un petit mât vertical. Dans le premier tiers de ce siècle furent construits les premiers trois-ponts. Deux de ces vaisseaux furent principalement cités comme des modèles de construction : c'étaient la *Couronne* et le *Souverain-des-Mers*. Le premier, lancé par le constructeur Monnier, sous Richelieu, était un vaisseau de cent-vingt pieds de quille, portant soixante-douze canons. On peut en lire la description très détaillée dans le P. Fournier. Le second, vaisseau anglais, son contemporain, car il date de 1637, était encore plus considérable.

Peu de temps après, Pierre Puget, le Michel-Ange français, inventait ces poupes magnifiques, ornées d'un double rang de galeries saillantes, qui ont fait,

usqu'à ces derniers temps, l'ornement des vaisseaux
en Europe.

Vers la fin du dix-septième siècle, un ingénieur
français, Bernard Renau d'Eliçagaray, commença à
simplifier la construction des grands bâtiments, tellement chargés à l'avant et à l'arrière par plusieurs
étages de châteaux, dits gaillards, que la marche en
était considérablement ralentie, et qu'ils évoluaient
difficilement. Les castels étant abattus, on put allon-
ger les mâts, et présenter ainsi au vent une plus
grande surface de toile. C'est ainsi que de perfectionnements en perfectionnements, on en arriva aux
bâtiments construits par l'ingénieur Sané, dont les
types sont encore aujourd'hui considérés comme les
modèles les plus parfaits du navire à voiles.

L'application de la vapeur à la navigation, au commencement du dix-neuvième siècle, opéra une nouvelle révolution dans l'art naval. La France, bien
qu'elle n'ait pas eu l'honneur de cette invention, y a
cependant beaucoup contribué. Le premier bateau mu
par une machine à vapeur fut construit en 1707 sur
la Fulde, un des affluents qui forment le Weser, par
le protestant français Denis Papin, né à Blois en 1647.
Rien n'est plus triste que l'histoire de ce génie méconnu. Les bateliers du fleuve lui brisèrent sa machine, et il est mort, vers 1714, dans la misère. Après
lui, quantité d'inventeurs ne réussirent pas davan-
tage à faire triompher leurs idées. L'un d'eux, un
franc-comtois, le marquis de Jouffroy, fit naviguer en
1776, en 1783 et en 1816, sur le Doubs, la Saône et
la Seine, trois *pyroscaphes*, ce qui ne l'empêcha pas
de mourir ruiné en 1832. L'américain Fulton lui-
même, bien qu'aidé des conseils de l'ingénieur anglais

Watt, échoua en 1804 dans deux tentatives faites sur la Seine, et ce n'est que trois ans plus tard, juste un siècle après Papin, qu'il réussit sur l'Hudson. Son premier bateau à vapeur (c'était le quinzieme construit depuis 1707) fut le *Clermont*, qui remonta l'Hudson de New-York à Albany, avec une vitesse de plus de trois milles à l'heure. Le premier qui traversa l'Atlantique fut un américain de trois cent soixante tonneaux. Parti de Savannah, le 27 mai 1819, il arriva, au bout de vingt-quatre jours, à Liverpool.

En 1836, l'hélice propulsive, qui agit sur le navire comme fait la godille sur les embarcations, commença à être substituée, pour les navires de guerre, aux roues à aubes. Ici encore nous trouvons le nom de la France, pour inventer, mais non pour faire triompher l'invention. C'est un facteur d orgues amiénois, nommé Dalery, qui a imaginé, en 1803, d'appliquer à la navigation l'hélice, en même temps que la chaudière tubulaire: mais, ayant épuisé ses ressources et n'étant pas secouru, il fut obligé d'abandonner ses essais. L'américain John Stevens les mit en application. Les résultats en ayant été peu satisfaisants, en 1823, un capitaine du génie, le français, Delisle, proposa, encore sans succès, une vis évidée, qui prit faveur, en 1831, sous le nom de l'américain, John Ericson. Enfin, en 1832, un troisième français, Frédéric Sauvage, ne put, faute d'argent, faire triompher l'hélice pleine, qu'un riche fermier anglais, nommé Smith, appliqua victorieusement, avec quelques modifications. Le premier bâtiment à hélice français a été l'aviso le *Napoleon*, aujourd'hui le *Corse*, de 220 chevaux, lancé en 1843.

L'hélice avait moins pour objet de faire disparaître

es roues des navires de commerce et de charge, que
d'introduire un nouvel élément de force dans la maine de combat. Tant qu'on a eu sur les navires de
uerre ces tambours, essentiellement vulnérabl s, qui
ncombraient leurs flancs, la vapeur ne pouvait être
onsidérée que comme force auxiliaire ; mais une fois
l'hélice adoptée, le problème du vaisseau de ligne à
vapeur s'est trouvé résolu. On ne s'en est pas tenu là.
L'artillerie avait progressé comme la vapeur, et il
allait des navires à l'épreuve des boulets Paixhans
et du canon rayé. C'est alors que vinrent les bâtiments à armure de métal, les seuls qui soient considérés aujourd'hui comme pouvant former une flotte
d'offensive, et qui ont eu pour résultat de réduire
à deux au plus le nombre des batteries. Ainsi, rien
que dans l'espace d'une génération, nous avons vu
se succéder jusqu'à quatre marines. Celle à voiles,
portée en 1840 au dernier degré d'avancement, fut
remplacée d'abord par une marine mixte qui n'em-
pruntait à la vapeur qu'une force insuffisante ; puis
est venu le bâtiment à hélice rapide, dont les mu-
railles de bois sont maintenant recouvertes d'une
épaisse cuirasse. On y a même ajouté, sur quelques
bâtiments, l'éperon de la galère antique.

Tous ces perfectionnements sont d'origine française. C'est à Toulon, en 1850, qu'a été lancé le
Napoléon, premier vaisseau à vapeur. C'est à l'attaque de Kinburn qu'ont été employées les premières
batteries flottantes blindées. La *Gloire*, première frégate cuirassée, et qui date de 1860, a été construite
par M. Dupuy de Lôme. Les deux premiers navires
éperonnés sont le *Magenta* et le *Solferino*. Enfin, la
Normandie est le premier bâtiment blindé qui ait

traversé la grande mer. Partie de Cherbourg le 21 juillet 1862, elle est arrivée en trente-trois jours à la Vera-Cruz, après avoir relâché à Madère et à la Martinique.

De nos jours, l'application de la vapeur à la navigation, même marchande, tend à se généraliser.

Les premiers *steamers* du commerce ont dû être destinés à peu près exclusivement au transport des passagers et des dépêches, parce que les premières machines, nécessairement imparfaites, étaient des plus encombrantes. Ces inconvénients ayant disparu peu à peu, le moteur nouveau a pu être affecté au transport des marchandises ; aussi est-il permis d'avancer que la navigation à voiles a fait son temps, même pour le service du roulage des mers, même pour le cabotage.

Le vent coûte moins, il est vrai, mais c'est une force trop variable en intensité comme en direction, et, en paix comme en guerre, *time is money*, disent nos voisins. En terminant cet aperçu, nous regrettons d'être obligé de constater que sur les seize mille navires de tout tonnage que possède le commerce français, il n'y en ait guères plus de trois cents à vapeur. L'Angleterre en a près de deux mille cinq cents et trente-huit mille navires.

HISTOIRE

DE LA

MARINE FRANÇAISE

Située à peu près à égale distance du pôle nord et de l'équateur, entre les deux premières mers du globe, la France a peu de chose à envier, comme position géographique, à n'importe quel autre pays. Forteresse hexagonale à trois fronts maritimes, défendue au sud et au sud-est par d'imposantes barrières, elle est devenue la première puissance continentale du globe. Si elle n'a pu se maintenir sur mer qu'au second rang, c'est que sa ligne de contact avec huit États européens, en la mêlant inévitablement à toutes les luttes du continent, a empêché, à plusieurs reprises, sa marine d'atteindre l'ensemble et la perfection où elle eût été portée, s'il n'avait pas fallu souvent penser d'une manière exclusive à la sûreté des frontières terrestres, et par conséquent laisser de côté la question maritime. La marine en France est un élément de puissance, mais non pas la puissance même du pays, comme en Angleterre. Utile chez nous, indispensable au delà du détroit, elle a dû se ressentir, dans chacune des deux nations, de la nature de son point de départ. Les Anglais sont avant tout un peuple de matelots et de commerçants ; la France est principalement un pays de soldats, de laboureurs et d'industriels. Celle-ci remue et domine le monde par ses idées, encore plus que par ses armes ; ceux-là le sillonnent de leurs navires. Si à la richesse de son sol, à l'énergie de son intelligente et homogène population, la France joignait au même degré les qualités colonisatrices qui distinguent si éminemment l'Angleterre, elle menacerait la liberté des autres peuples, et détruirait ainsi cet équilibre providentiel qui maintient les grandes puissances du monde moderne.

Aussi, l'histoire de la marine française est elle loin de présenter ce développement continu qui a fait la fortune de l'Angleterre, et la tradition, si précieuse pour ce qui concerne les choses de la mer, jamais prescrite, il est vrai, chez nous, s'est trouvée plus d'une fois interrompue. Ebauchée par Francois Ier, et plus tard par Henri IV, organisée une première fois par Richelieu, notre marine ne date réellement que de Colbert. Avant lui, les guerres de religion et la Fronde; après lui, les fautes de Louis XIV et l'indigne gouvernement de Louis XV ont compromis notre avenir colonial Louis XVI a relevé d'une manière éclatante notre pavillon dans la guerre d'Amérique, la plus glorieuse peut-être de toutes nos luttes maritimes; mais la même Révolution qui créa la France nouvelle, perdit notre marine, et les efforts de Napoléon Ier, engagé dans la grande lutte continentale que lui avait léguée la République, n'aboutirent, sur mer, qu'à deux désastres aussi retentissants que la chute de Waterloo. C'est seulement depuis ces dernières années que la France a repris sa place comme puissance navale.

Simple résumé des ouvrages de nos principaux historiens, ce petit livre a été composé dans le but de mettre au premier plan les grands événements de mer de notre histoire, trop peu connus généralement, parce qu'ils sont comme éclipsés par les éclatants triomphes de nos armées du continent. Cependant, plus d'une nation se contenterait, pour sa part, de nos gloires maritimes. Des noms tels que Duquesne, Tourville et Suffren ne valent-ils pas ceux de Russel et de Rodney, même celui du triomphant Nelson? A lord Clive, ne pouvons-nous pas opposer avec orgueil Dupleix? Longtemps avant que l'Angleterre ne possédât l'un et l'autre Pitt, n'avions-nous pas les deux Colbert?

I

LA FRANCE AVANT COLBERT

La Gaule, comprise entre les limites naturelles du Rhin, des Grandes Alpes, de la Méditerranée, des Pyrénées et de l'Atlantique, fut primitivement peuplée, comme l'Angl terre et l'Espagne, par les Gaëls ou Gaulois qui ont dominé l'Europe dans les temps barbares, et qui, vaincus par le génie de César, ont gardé leur personnalité et leur caractère sous la domination romaine. Plus tard, ils ont même fini par réagir victorieusement contre les Germains de Clovis et de Charlemagne. Aussi loin que nous puissions remonter dans l'histoire des Gaëls, nous les trouvons partagés en plusieurs confédérations, composées elles-mêmes de quantité de peuplades indépendantes les unes des autres. Le groupe le plus important fut d'abord celui des Celtes, dont le nom a souvent été attribué à la race gauloise tout entière; plus tard, ce furent les Belges, eux-mêmes issus de la grande famille gaëlique des Cimbres ou Kymris, et qui, dans le courant du quatrième siècle avant notre ère, s'établirent entre Rhin et Seine, laissant aux Celtes l'espace compris entre Seine et Garonne. Quant à la Gaule méridionale, elle était occupée par une race primitive comme les Gaëls, et que ceux-ci avaient refoulée vers le sud : c'étaient les Ibères, Euskes ou Basques, divisés en Aquitains au sud-ouest, Ligures au sud-est. Dès le treizième siècle avant Jésus-Christ, le pays fut visité par les Phéniciens, qui exploitèrent les mines d'or et d'argent des Pyrénées, des Cévennes et des Alpes; puis par les Rhodiens, qui fondèrent une nouvelle Rhodes à l'embouchure du Rhône. La plus florissante colonie grecque fut Marseille, fille de Phocée, qui date du commencement du septième siècle, et qui, couvrant à son tour d'établissements les rivages de la Gaule et de l'Espagne, envoya dans les mers du nord et en Afrique Pythéas et Euthymènes. Vers le milieu du second siècle avant Jésus-Christ, cette ville appela les Romains en Gaule. Ceux-ci conquirent d'abord le littoral méditerranéen, et fondèrent Aix et Narbonne. L'empire romain faillit être lui-même anéanti par les Cimbres et les Teutons de la Baltique qui ne purent être vaincus que par Marius.

Un demi-siècle plus tard, César envahissait la Gaule que menaçait de son côté le germain Arioviste.

César commença par rejeter au delà du Rhin le conquérant suève ; puis, comme les Belges s'alarmaient de son voisinage, il les vainquit sur les bords de la Sambre, et dès lors ne dissimula plus son projet de conquérir les Gaules. La Belgique, la Celtique et l'Aquitaine se soumirent, non sans une vive résistance ; mais ce sont les Armoricains qui se défendirent avec le plus d'opiniâtreté. Les Vénètes étaient alors la plus puissante nation de la péninsule : ils possédaient jusqu'à deux cents bâtiments de guerre. César fit saisir tous les navires gaulois qu'on put trouver, et ordonna de construire une flotte à l'embouchure de la Loire. Quand elle parut entre les îles et les écueils du Morbihan, les Vénètes vinrent l'attaquer. César, ne pouvant entamer de l'éperon leurs navires de haut-bord et à voiles de peau, dont les poupes dominaient les tours de ses frêles et agiles trirèmes, ordonna de couper les agrès de l'ennemi avec des faulx attachées à de longues perches. L'expédient réussit : les Vénètes, découragés, voulurent rentrer au port ; un calme plat qui survint les livra sans défense à César, et toute leur flotte fut anéantie. En 52, la Gaule paraissait domptée, quand un chef arverne, connu sous le nom de Vercingétorix, fit révolter toute la Celtique. César faillit perdre en un jour le fruit de plusieurs campagnes ; il finit pourtant par enfermer Vercingétorix dans Alesia (aujourd'hui Sainte-Reine en Côte-d'Or), et le força de se rendre à discrétion, ce qui entraîna peu après la soumission définitive du pays.

Bien traitée par César, qui se servit des Gaulois

pour combattre Pompée, pendant que ses lieutenants Trébonius et Brutus battaient sur mer les Marseillais, la Gaule devint en peu de temps une des plus belles provinces de l'empire. Auguste fonda Lyon, agrandit Fréjus (Forum Julii), et continua avec ardeur la transformation du pays, tout en s'attachant à y détruire ce qui pouvait réveiller la nationalité gauloise. Les empereurs suivirent l'exemple d'Auguste, et, à part la proscription du druidisme, traitèrent favorablement la Gaule. Mais déjà les nations maritimes de la Germanie commençaient à infester les provinces du nord. Au troisième siècle, les Barbares se mirent à ébranler les frontières romaines.

Parmi les peuples de l'invasion, on remarque en première ligne les Francs. Probus en ayant vaincu une tribu, qu'il transplanta sur la mer Noire, ceux-ci parvinrent à se procurer quelques navires, passèrent le Bosphore, la mer de Marmara et l'Archipel, pillèrent la côte grecque, rançonnèrent Syracuse, tentèrent d'en faire autant à Carthage, et enfin, franchissant le détroit de Gibraltar, se lancèrent intrépidement dans l'Atlantique, et revinrent dans leur pays par le Rhin. Julien, las de vaincre ce peuple sans pouvoir le réduire, les établit en qualité d'auxiliaires sur la rive gauche du Rhin. Ils défendirent cette frontière jusqu'en 407, époque où, culbutés par les Suèves, Alains, Vandales et Burgundes, ils s'éparpillèrent, à la suite de leurs vainqueurs, entre Rhin et Seine. De ce jour, la Gaule fut perdue pour l'empire d'Occident, que renversèrent, d'ailleurs, les barbares d'Italie en 476. Cinq ans plus tard, Clovis succédait à son père Childéric.

Jusqu'à la fin du cinquième siècle, les Francs

n'avaient fait en Gaule que des établissements partiels. Clovis, petit-fils de Mérovée et chef d'une tribu des Saliens, est le premier qui ait réuni les Francs en corps de nation. Il vainquit les Gallo-Romains à Soissons, repoussa les Alamans à Tolbiac, prè Cologne, tua le roi des Wisigoths dans une grande bataille livrée aux environs de Poitiers, et, devenu le plus puissant de tous les chefs francs, se défit par trahison des petits rois du nord, ses rivaux, et s'appropria leurs dépouilles. Il mourut en 511, maître de la plus grande partie de la Gaule. Ses quatre fils, après s'être partagé ses Etats, s'emparèrent de la Bourgogne ; mais la division se mit bientôt parmi eux, et, se compliquant de la rivalité des Saliens et des Ripuaires, les deux principales tribus franques, dégénéra en guerres civiles qui arrêtèrent les progrès de la nation. Dagobert, qui régna de 628 à 638, fut le dernier souverain de sa race qui ait mérité d'avoir son nom transmis jusqu'à nous par la tradition populaire.

Après lui commence une longue suite de rois fainéants qui s'effacent devant les maires du palais, jadis leurs intendants ou majordomes. Un maire des Ripuaires, Pépin d'Héristall, bat les Saliens à Testry, près Saint-Quentin. et cette victoire, qui rétablit l'unité parmi les tribus franques, rend à la nation son énergie primitive. Son fils Charles acquiert le surnom de Martel et l'immortalité, en repoussant les Arabes de la Gaule par la victoire de Tours. Son petit-fils, Pépin le Bref, envoie, en 752, le dernier mérovingien, Childéric III, dans un cloître. Pendant cette période, qui dure près de trois siècles, il n'y a pas un seul fait maritime de quelque importance à mentionner.

Pépin le Bref, fondateur de la seconde monarchie franque, prépara la gloire et la puissance de son fils son alliance avec le saint-siége et ses conquêtes dans la Gaule méridionale. Charlemagne, pour arrêter ces envahisseurs barbares qui, depuis le cinquième siècle, couvraient l'Europe de ruines, porta la guerre en Saxe (Allemagne du nord), y fit dix-huit campagnes dans l'espace de trente-trois ans, et, malgré l'héroïque résistance de Witikind, la força d'accepter le christianisme. Dans les intervalles de cete lutte acharnée, il s'empara de la Lombardie sur Didier qu'il détrôna à son profit; confirma, en l'étendant, l'autorité temporelle des papes; renversa le royaume des Avares, ce qui portait de ce côté l'empire franc jusqu'à la Theiss; enleva aux Arabes le versant méridional des Pyrénées jusqu'à l'Ebre; enfin se fit couronner empereur d'Occident en l'an 800 par le pape. Pour protéger ce vaste empire qui allait du Danemark et de l'Oder à l'Ebre et au duché de Bénévent, il entretint plusieurs flottes sur les deux mers. Déjà, de son vivant, les Normands commençaient à insulter les côtes de l'Atlantique, les Sarrasins, celles de la Méditerranée. On pouvait prévoir ce qu'ils oseraient, quand le grand empereur ne serait plus. Le règne de Louis le Pieux, qui va de 814 à 840, n'est que le récit des continuelles révoltes de ses enfants et des peuples germains et italiens qui ne veulent pas de l'unité carolingienne. A peine a-t-il fermé les yeux, que Louis le Germanique et Charles le Chauve livrent à leur aîné Lothaire la bataille de Fontanet, près d'Auxerre, qui amène le traité de Verdun, et, par suite, la division de l'empire en trois royaumes : Italie, France et Germanie. Le démembrement ne s'arrête pas là : chacun de ces royaumes se morcelle à son tour en une multitude de souverainetés indépendantes. Les derniers Carolingiens se reconnaissent impuissants à arrêter ce mouvement de la féodalité qui s'organise. La mer est abandonnée aux Normands et aux Sarrasins. Ceux-ci occupent la Sicile, la Corse et la Sardaigne, d'où ils pillent les côtes de France et d'Italie. Ceux-là, après avoir ravagé la Germanie et la France pendant près d'un siècle, finissent par s'établir en Neustrie, par le traité de Saint-Clair sur-Epte, passé en 912 entre Rollon et Charles le Simple. Quant aux descendants de Charlemagne, ils s'éteignent en 987, aussi obscurément que les Mérovingiens. Dès 888, Charles le Gros, n'ayant pas osé se jeter dans Paris assiégé par les Normands, avait été remplacé par le défenseur de cette ville, Eudes de France, premier Capétien. Un siècle plus tard, Louis V étant mort sans laisser d'enfants, Hugues Capet s'empara de la couronne.

N'ayant autorité que sur l'Ile-de-France et l'Orléanais, les premiers Capétiens ne pouvaient avoir de marine. Aussi tout l'intérêt que présente l'histoire de France à cette époque consiste-t-il dans les efforts qu'ils font pour se faire jour jusqu'à la mer, et pour reconstituer les limites de l'ancienne Gaule, limites que nous n'avons pas encore. Les quatre premiers Capétiens luttèrent obscurément pendant plus d'un siècle contre leurs vassaux. Louis VI s'aida contre eux des communes, dont il aida l'affranchissement, et obtint pour son fils, avec la main d'Eléonore, l'Aquitaine, c'est-à-dire la majeure partie de la France méridionale. Malheureusement Louis VII compromit par son divorce ce beau résultat. Eléonore alla porter sa dot à Henri Plantagenet, qui, déjà maître de toute la France occidentale, devint encore roi d'Angleterre. Philippe-Auguste ayant enlevé à Jean sans Terre la Normandie en même temps que l'Anjou, le Maine, la Touraine et le Poitou, la France put équiper des navires. Il arma, dit-on, contre l'Angleterre une flotte de dix-sept cents voiles, que les Anglo-Flamands lui brûlèrent dans le port de Dam, entre Bruges et l'Ecluse. Louis VIII enleva aux Anglais le Poitou et l'Aunis ; malheureusement il mourut dans la guerre albigeoise après trois ans de royauté. Il eut pour successeur saint Louis, dont le règne ne présente qu'un seul fait maritime de quelque importance, la création du port d'Aigues-Mortes C'est là que le roi s'embarqua, sur des navires en grande partie italiens, pour ses deux croisades. Sous Philippe le Hardi, la royauté française arrive, par l'héritage du Languedoc, à la Méditerranée et aux Pyrénées. Elle veut franchir immédiatement ces deux limites et s'engage dans des luttes sans résultats avec la Castille et l'Aragon. Le premier soin de Philippe le Bel est d'abandonner ce funeste système d'intervention étrangère pour reprendre la guerre contre ses véritables ennemis, les Flamands et les Anglais, liés entre eux par des intérêts de commerce. A l'occasion d'une querelle entre des matelots anglais et normands, il s'empare de la Guyenne et envahit la Flandre. Vainqueur à Furnes, battu à Courtrai, il solde une flotte génoise qui les défait à Ziriksée, à l'embouchure de l'Escaut oriental, pendant que lui-même les bat à Mons-en-Puelle, près de Lille. Mais il ne peut donner suite à ses projets. à cause de sa lutte avec le saint-siége, qui remplit la plus grande partie de son règne, et la race des Capétiens directs finit en 1328 par rois frères, morts à douze ans d'intervalle. En moins de trois siècles, cette dynastie avait augmenté le domaine royal d'une trentaine de départements.

Les sept Valois directs accrurent également le territoire, parmi bien des vicissitudes. Le premier, Philippe VI, inaugura la guerre de Cent ans par une grande défaite navale. Sa flotte, commandée par Hugues Quiéret, et forte de près de cent cinquante bâtiments, attendit à l'ancre Edouard III, dans le port flamand de l'Ecluse, et, après six heures de combat, fut à peu près anéantie. Le corsaire génois Barbavara parvint à opérer sa retraite avec une quarantaine de navires. Quiéret fut fait prisonnier et assassiné ; le trésorier de la couronne, Nicolas Béhuchet, pendu au mât de son vaisseau. Six ans plus tard (1346) eut lieu l'échec continental de Crécy, plus retentissant encore, et qui nous coûta Calais. L'héritage du Dauphiné ne compensa pas ces désastres. Le règne de Jean, dit le Bon, fut encore plus fatal au pays. Il perdit toute l'Aquitaine, par la grande défaite de Maupertuis, près Poitiers, et peu s'en fallut que les états-généraux de 1356 ne s'emparassent définitivement du gouvernement. Sans la Jacquerie, qui vint ruiner la cause du tiers-état, une révolution analogue à celle de 1789 s'accomplissait en France (1). La royauté commença à se relever sous Charles V, qui, sur terre, organisa la guerre de partisans, avec l'aide de Duguesclin, seul moyen de chasser l'Anglais du pays ; sur mer, grâce à l'alliance de Henri de Transtamare, qu'il

____

(1) C'est Etienne Marcel qui a fondé l'Hôtel de Ville de Paris. C'est à l'endroit même où il est tombé, que Charles V fit commencer la Bastille en 1369. (V. à ce sujet la *France au moyen âge*, qui fait partie de la *Bibliothèque utile*.)

avait mis sur le trône de Castille, anéantit une flotte anglaise à la Rochelle, et ravagea les côtes d'Angleterre. On fit même, au commencement du règne de Charles VI, de formidables préparatifs pour opérer une descente dans ce pays; mais ces projets n'aboutirent pas, et bientôt la démence du roi amena la rivalité des Armagnacs et des Bourguignons, et par suite la défaite d'Azincourt, qui faillit donner aux Anglais la France entière. En 1428, au commencement du règne de Charles VII, ils assiégeaient Orléans, quand une jeune fille. Jeanne Darc, délivra la ville, les battit à Patay, et leur reprit la Champagne, après quoi elle échoua au siége de Paris, et tomba entre les mains des Bourguignons, en défendant Compiègne. En vain les Anglais se déshonorèrent en couronnant son dévouement par le martyre. L'élan était donné, et Charles VII les chassa de poste en poste jusqu'en 1453, époque de leur expulsion définitive. Son successeur Louis XI, qui porta notre frontière jusqu'au Var, en héritant de la Provence, eut assez à faire de lutter contre les ducs de Bourgogne et de Bretagne, pour pouvoir songer à la marine. Au lieu d'y penser, Charles VIII commença les expéditions d'Italie. Du moins la dame de Beaujeu avait rattaché la Bretagne à la France par le mariage de son frère avec la duchesse Anne.

Lorsque le dernier des Valois directs mourut en 1498, il y avait déjà près d'un siècle que les Portugais avaient commencé leurs découvertes, devancés eux-mêmes par des navigateurs dieppois, dont ils trouvèrent les traces d'établissements en Guinée; il y avait six ans seulement que Christophe Colomb avait abordé à San-Salvador, dans les Lucayes; enfin, dans quelques semaines, Vasco de Gama allait débarquer à Calicut. Quant aux rois de France, ils n'avaient alors des yeux que pour la péninsule italienne. L'unique représentant des Valois-Orléans, Louis XII, y passa presque tout son règne. Ses six expéditions dans cette contrée n'aboutirent qu'à y mettre les Allemands et les Espagnols. Gênes, qui s'était offerte trois fois à la France, sous Charles VI, sous Louis XI et sous Louis XII, fut perdue en 1512. Nous n'y gagnâmes que la R-naissance, qui aurait probablement passé les monts, même sans la guerre.

Il y a pourtant deux épisodes maritimes que l'on doit rattacher au règne de Louis XII. Le premier est l'héroïque résistance d'Hervé de Portzmoguer (vulgairement Primauguet) dans l'affaire du cap Saint-Matthieu, engagée le 10 août 1512. Il y commandait dans l'armée navale franco-bretonne, aux ordres de Jean de Thénouénel, la *Cordelière*, vaisseau de soixante bouches à feu, construit, par ordre d'Anne de Bretagne, à Morlaix, avec batterie couverte et percé de *sabords* (1). Il s'agissait d'empêcher les Anglais, dont la flotte était supérieure à la nôtre, d'entrer dans la rade de Brest. Entouré par plusieurs navires ennemis, et incendié par l'un d'eux, la *Régente*, le commandant breton jeta les grappins d'abordage sur ce bâtiment, pour périr avec lui ; et les deux nefs s'engloutirent, entraînant dans l'abîme

(1) Voir, pour l'invention du sabord ce que nous en avons dit dans l'avant-propos. Quant à l'emploi de l'artillerie sur mer, il ne paraît pas remonter au delà des dernières années du quatorzième siècle. Froissart en fait mention à l'occasion d'un combat livré entre Français et Anglais, à l'embouchure de la Tamise, en 1387. Six ans plus tôt, les Vénitiens s'en étaient servis avec succès contre les Génois.

près de douze cents hommes, au nombre desquels fut Portzmoguer. Le second concerne les exploits de Prégent de Bidoux, général des galères de France, qui, après s'être signalé sur les côtes d'Italie contre les Vénitiens et les Espagnols, passa dans l'Océan avec ses galères, tua l'amiral anglais Edouard Howard dans le combat de l'anse des Blancs-Sablons, au Conquet, près Brest (25 avril 1513), et désola les côtes d'Angleterre. Prégent défendait encore Marseille contre les Impériaux en 1524. Disons aussi que Louis XII projeta le Havre, et fit construire la Grosse-Tour, à l'entrée de la petite rade de Toulon.

En résumé, aucun effort sérieux, et surtout continu, jusqu'à François Ier. Avant ce prince, quand les rois de France voulaient entreprendre quelque expédition maritime, ils en étaient réduits, soit à noliser des mercenaires étrangers, soit à faire la *presse* des bâtiments marchands qu'on installait, tant bien que mal, en vaisseaux de guerre. C'est à peine si nous possédions quelques galères dans la Méditerranée, quelques galions d'apparat sur la Manche. Le chef de la branche des Valois-Angoulême fut le premier qui songea à avoir une flotte permanente Dans ce but. il fit construire un grand nombre de navires, et, pour les abriter, fonda le Havre en 1518. Ces vaisseaux ne lui furent pas inutiles dans sa lutte avec la maison d'Autriche, lutte qui occupa, du reste, la plus grande partie de son règne. Il était faible encore en 1522 ; car il ne put empêcher la flotte de Charles-Quint, unie aux vaisseaux de Henri VIII, de lui brûler Morlaix, ainsi que Cherbourg. Mais. dès 1524, pendant le siége de Marseille, Lafayette et le génois André Doria battirent l'espagnol Hugues de Moncade à l'embouchure du Var. En 1527, après la rupture du traité de Madrid, Doria contribua, par un blocus, à la reddition de sa patrie qui resta française jusqu'en 1528 époque où il passa au service de Charles-Quint. Privé des galères génoises, François Ier réunit, sous le nom d'amirauté du Ponant, les trois amirautés de France, de Bretagne et de Guyenne, et se décida à faire alliance avec les Turcs. En 1543, la flotte franco-ottomane bombarda Nice ; en 1545, d'Annebaut, amiral du Ponant, et le baron de la Garde, général des galères, envahirent l'Angleterre avec une flotte de deux cents bâtiments, ravagèrent l'île de Wight, et coulèrent deux navires dans la rade de Portsmouth, sans pouvoir attirer les Anglais au combat, ni reprendre Boulogne qui ne nous fut rendu que sous Henri II.

François Ier réclama aussi sa part des découvertes maritimes, en déclarant qu'il ne reconnaissait pas la ligne de démarcation d'Alexandre VI, qui partageait les deux Indes entre les Portugais et les Espagnols. Jusqu'à ors, les navigateurs français, faute d'appui, n'avaient pu fonder aucun établissement. Un florentin, au service de la France, Verazzani, dans trois voyages, reconnut les côtes de l'Amérique du Nord entre l'Acadie et la Floride, et prit possession de Terre-Neuve en 1524.

Dix ans plus tard, le malouin Jacques Cartier fit le tour de Terre-Neuve, et reconnut l'embouchure du Saint-Laurent. L'année suivante, il remonta le fleuve jusqu'au lieu où fut bâti depuis Montréal, et reconnut le Canada. Le nom de Nouvelle-France fut imposé à tout le nord de l'Amérique. Enfin, en 1540, Roberval, gentilhomme picard, nommé vice-roi du Canada, partit avec une escadrille de cinq navires, Cartier étant sous ses ordres, et installa une colonie au cap Breton. La rigueur du climat et l'insuffisance des ressources firent échouer ce premier essai de colonisation : cependant les marins français continuèrent la pêche de la morue et le commerce de pelleteries avec les Canadiens. Un riche armateur dieppois, Ango, s'éleva même au rang de nos gloires nationales par l'énergie avec laquelle il paraît avoir soutenu l'honneur du pavillon français contre la première puissance maritime d'alors. Les Portugais ayant pris un de ses bâtiments dans les Indes, il arma jusqu'à dix sept navires, au moyen desquels il bloqua l'embouchure du Tage, et traita, dit-on, de puissance à puissance avec Jean III.

Henri II entretint comme son père des navires sur l'Océan et sur la Méditerranée. L'alliance ottomane lui permit de fermer la mer au vieil André Doria qui faillit perdre la Corse. Sur terre, le roi racheta Boulogne et le duc de Guise reconquit Calais, que les Anglais possédaient depuis plus de deux siècles. Ceux-ci de leur côté tentèrent un débarquement au Conquet : ils furent repoussés avec perte par les milices bretonnes. A ce règne se rapporte aussi une tentative de l'amiral Coligny, successeur d'Annebaut, pour coloniser une portion du Brésil. Des protestants commandés par un neveu de Villiers de l'Isle-Adam, Nicolas Durand de Villegagnon, s'établirent en 1555 dans la baie de Janvier (Rio de Janeiro), et bâtirent dans une petite île le fort Coligny. Mais les Portugais ruinèrent cet établissement naissant, qu'ils remplacèrent par la ville de Rio, devenue en 1763 la capitale du Brésil.

Les guerres de religion qui occupèrent les rènges

de Charles IX, de Henri III et même le commencement du règne de Henri IV, en retardant pour un
demi-siècle les progrès de la France, anéantirent sa
marine. Pendant ces années si désastreuses à tous
égards, nous n'avons à signaler que l'abandon du
Havre à Elisabeth par les protestants en 1562, gage
précieux que les deux partis, momentanément réconci-
liés, reprirent l'année suivante ; le siége infructueux
de la Rochelle en 1573 par le duc d'Anjou, le baron
de la Garde et le vicomte d'Uzès ; enfin la malheu-
reuse intervention de Catherine de Médicis dans les
affaires du Portugal. Sa flotte fut battue en 1582 aux
Açores ; une nouvelle flottille ne fut pas plus heureuse
en 1585, et le Portugal resta à Philippe II.

Mentionnons encore pourtant deux nouvelles tentatives de Coligny pour coloniser une autre partie de
l'Amérique, la Floride : la première, dirigée en 1562
par le dieppois Ribaut ; la seconde, deux ans plus
tard, par le breton Laudonnère. Elles furent ruinées
par les Espagnols, et Ribaut indignement massacré.
La cour les ayant désavouées, un gentilhomme gas-
con, Dominique de Gourgues, équipa à ses frais trois
petits bâtiments, et exerça sur les Espagnols de sanglantes représailles (1567).

Pendant que la France était déchirée par les Gui-
ses, les Hollandais, opprimés pour cause de religion par Philippe II d'Espagne, se formaient en république fédérative par l'union d'Utrecht, en 1579,
et défendaient victorieusement leur indépendance.
Dès la fin du seizième siècle, maîtres d'une marine
florissante, ils s'emparèrent des colonies portugaises
alors sous le joug de l'Espagne, et sur les ruines de
l'empire de Charles-Quint, ils allaient devenir la pre-

mière puissance maritime du monde pendant le dix-septième siècle.

Vers la même époque, c'est-à-dire sous le règne d'Elisabeth, la marine anglaise prenait son essor. Malgré sa position insulaire, son commerce avec les Flandres, et ses prétentions, qui datent de loin, à la souveraineté des mers, l'Angleterre n'avait pas joué un grand rôle maritime avant la fin du seizième siècle. Il fallut la tentative d'invasion de Philippe II pour la tourner vers son véritable élément. Une fois l'Armada repoussée, elle acquit en peu de temps une grande importance navale.

En France, à l'avénement du premier des Bourbons, il y avait encore quelques galères dans la Méditerranée; mais l'Etat ne possédait plus un seul vaisseau sur l'Océan. Henri IV, occupé pendant la première partie de son règne à conquérir son royaume, et plus tard à cicatriser les plaies du pays, ne put rétablir la marine comme il l'aurait désiré. Cependant, il commença le système de canalisation de la France par le canal de Briare, renouvela les traités de François Ier avec la Porte, devina Toulon, dont il fit agrandir l'enceinte et creuser la vieille darse, enfin envoya le poitevin La Ravardière reconnaître la Guyane, et reprit l'œuvre de colonisation du Canada.

Samuel de Champlain, gentilhomme saintongeois, dans ses nombreux voyages, dont le premier remonte à l'année 1603, alla dans le Saint-Laurent bien au delà de l'endroit où Cartier s'était arrêté, explora l'Acadie où fut fondé Port-Royal, aujourd'hui Annapolis, premier établissement français dans l'Amérique du Nord (1604), jeta les fondements de Québec, et découvrit le lac Champlain. Nommé gouverneur du

Canada en 1620, il traita les indigènes avec bienveillance. Jusqu'à sa mort, arrivée en 1635, il ne cessa de s'occuper de la colonisation du pays et de sa civilisation par les missionnaires. Grâce à Champlain, la race française ne devait plus quitter le Canada.

Henri IV, mort prématurément en 1610, n'eut pas la joie de voir l'avenir de cette colonie assuré. Sa politique fut même, pendant quelque temps, abandonnée. Heureusement, après Concini et Luynes, Richelieu entra au conseil en 1624. Au commencement de son administration, ce grand ministre avait, lui aussi, compris le danger de n'avoir pas de marine. Obligé de recourir aux Anglais et aux Hollandais, il ne put dompter en 1625 les protestants de la Rochelle. Une tentative de colonisation faite en 1612 par le chevalier de Razilli, à l'embouchure de l'Amazone, n'avait pas réussi, faute de secours. En 1626, Richelieu racheta de Henri de Montmorency la dignité d'amiral de France qui remontait jusqu'à saint Louis, et changea ce titre contre celui de grand maître et surintendant de la navigation, qui lui donnait autorité sur les amirautés provinciales de Bretagne, de Guyenne et de Provence. Les deux premières n'avaient jamais reconnu la suprématie de l'amiral de France établie par l'édit de 1543 sur la marine. Reprenant ensuite l'idée de François Ier d'avoir une marine permanente appartenant à l'Etat, Richelieu fonda les trois arsenaux du Havre, de Brest et du Brouage, ce dernier dans les marais de l'Aunis, entre la Charente et la Seudre. Il appela de tous côtés, en France, des constructeurs étrangers, et en peu de temps Louis XIII eut deux flottes : l'une, de quarante sept vaisseaux sur l'Océan ; l'autre, de vingt galères et d'autant de vaisseaux ronds dans la Méditerranée. Enfin, sous le titre d'Académie royale, une école militaire fut instituée pour dresser la jeune noblesse à la discipline du service de terre et de mer.

Charles Ier d'Angleterre, prenant ombrage de ce développement de la France, avait envoyé, en 1627, aux calvinistes de la Rochelle, une flotte de quatre-vingt-dix voiles commandée par Buckingham : elle fut battue à l'île de Ré, et la Rochelle investie par terre et par mer. C'est pour isoler le port de l'Océan et des Anglais que Richelieu fit construire cette fameuse jetée de quatorze cents mètres, dont on distingue encore les restes à mer basse. dit M. Michelet. Le travail dura un an : la mer emporta plus d'une fois la digue, et les Anglais essayèrent de percer l'ouvrage. Richelieu faisait face à tout. Après avoir subi une horrible famine, Guiton, à bout de forces. capitula, 1628. L'année suivante, la paix était conclue avec l'Angleterre, et l'édit d'Alais, ou de grâce, enlevait aux huguenots leurs villes de sûreté, tout en leur laissant la liberté de conscience.

Les protestants vaincus à l'intérieur, et les grands se trouvant abattus par la journée des Dupes, ainsi qu'à la bataille de Castelnaudary, Richelieu se tourna contre la maison d'Autriche, et, après avoir fait alliance avec la Hollande, intervint directement, en 1635, dans la guerre de Trente ans, qui avait commencé en 1618. La lutte contre l'Allemagne fut surtout continentale ; mais la guerre contre l'Espagne se fit par mer aussi bien que par terre, et la marine naissante de la France s'y comporta brillamment. En 1637, le comte d'Harcourt chassa les Espagnols des îles de Lérins, dont ils venaient de s'emparer. L'année suivante,

Pont-Courlay, neveu de Richelieu et général des galères de France, les battit devant Gênes ; Sourdis, archevêque de Bordeaux, les vainquit dans la rade de Guétaria, près Fontarabie, et les canonna en 1639 dans le port de la Corogne. En 1640, le marquis de Brézé, autre neveu de Richelieu, assisté par un vieux et habile marin, le commandeur des Gouttes, détruisit, dans les eaux de Cadix, une de leurs flottes partant pour le Mexique. En 1641, lors du soulèvement de la Catalogne, Sourdis se fit battre par le duc de Ferrandina devant Tarragone ; mais Brézé vengea cet échec l'année suivante par une victoire remportée entre Vineroz et Tarragone, et le lendemain, 1er juillet, il complétait son triomphe en vue de Barcelone. Ces succès nous donnaient le Roussillon, qui nous est resté depuis cette époque.

Richelieu encouragea aussi le commerce qui est la base de la marine, et sans lequel toute force navale est factice. C'est lui qui le premier décréta que les nobles pouvaient faire le négoce maritime sans déroger. Il favorisa les particuliers qui allèrent coloniser les petites Antilles, dédaignées par les Espagnols, parce qu'ils n'y avaient pas trouvé d'or ; commença des établissements au Sénégal, à Cayenne et à Madagascar ; fit occuper Bourbon, la plus riche des Mascareignes ; envoya Champlain reprendre Québec dont les Anglais s'étaient emparés, et qui nous fut rendu en 1632. Enfin il essaya de régulariser la marine du commerce par l'ordonnance de 1629 qui prépara celle de Colbert. C'est le code Michau, ainsi nommé, par dérision, de son rédacteur Michel de Marillac. Il comprend quatre cent soixante et un articles, dont les trente-deux derniers sont relatifs à l'amirauté, à la marine et au droit maritime. Discréditée par le parlement de Paris, qui refusa de l'enregistrer, parce qu'elle abolissait plusieurs de ses priviléges, cette ordonnance remarquable n'a malheureusement pas eu d'application, et il n'en est resté que les écoles d'hydrographie établies dans les principaux ports du royaume.

La politique de Richelieu lui survécut sur plusieurs points, et Mazarin termina glorieusement la guerre de Trente ans. Pour nous borner à ce qui concerne la marine, Brézé sur mer, comme Condé à Rocroy, inaugura l'avénement de Louis XIV par une grande victoire remportée entre le cap de Gates et Carthagène ; mais il mourut en 1646, enseveli, à l'âge de vingt-sept ans, dans un dernier triomphe, en vue d'Orbitello, petite ville de Toscane. La dernière bataille navale de la période fut celle de Castellamare, dans le golfe de Naples, remportée par le duc de Richelieu, fils de Pont-Courlay, victoire du reste stérile. Les traités de Westphalie (1648) consacrèrent la supériorité de la France sur la maison d'Autriche.

Mazarin, occupé par les troubles de la Fronde, laissa dépérir la flotte. On en eut la preuve, lorsqu'en 1652, Cromwel envoya Blake assaillir, sans déclaration de guerre, une escadre française dans le Pas-de-Calais. Cette attaque brutale qui fit retomber au pouvoir de l'Espagne Dunkerque, conquis en 1646 par Condé, resta impunie, et fut même suivie d'une alliance de Mazarin avec le régicide. La paix des Pyrénées, qui termina la guerre d'Espagne en 1659, enleva, il est vrai, de nouveau Dunkerque à cette puissance ; mais ce fut pour le donner à l'Angleterre. Jean Bart avait alors neuf ans. A la mort de Mazarin, en 1661, il n'y avait plus dans nos ports de l'Océan

que dix-huit vaisseaux de trente à soixante-dix canons ; le commerce français en était réduit à se cou-
vrir du pavillon anglais ou hollandais pour imposer
aux barbaresques ; les Bataves nous avaient enlevé les
transports dans nos colonies, et jusqu'au cabotage de
notre littoral.

Tels étaient l'état maritime de la France et les vicissitudes par où avait passé notre pays, avant Colbert.

II

PARTIE MARITIME DU MINISTÈRE DE COLBERT

Ministère de Colbert. — Impulsion donnée au commerce, à
l'industrie, au mouvement colonial. — Perfectionnement
et a croissement de la flotte. — Travaux dans les ports
création de Rochefort. — Les classes. — Les gardes-ma-
rine. — Hiérarchie et administration maritime.— Ordonnance sur la marine. — Puissance navale de la France
dès 1672. — Affaire du pavillon. — Expédition contre les
corsaires barbaresques. — Guerre des Droits de la reine.
— Guerre de Hollande. — Premières opérations sur terre
et sur mer.— Guillaume fait couper les digues.— Batailles
navales de Walcheren et du Texel. — L'Angleterre se re-
tire de la lutte. — Coalition contre Louis XIV — Révolte
de Messine contre l'Espagne. — Bataille de Stromboli. —
Bataille d'Agosta ou du mont Etna. — Mort de Ruyter. —
Bataille de Palerme. — Paix de Nimègue, — L'influence
de Colbert diminue. — Usurpations de Louis XIV.— Bom-
bardements d'Alger. — Bombardement de Gênes. — Mort
de Colbert. — Révocation de l'édit de Nantes.

On raconte que Mazarin, à son lit de mort, avait
dit à son royal élève : « Sire, je vous dois tout ; mais

je crois m'acquitter, en quelque manière, avec Votre Majesté en lui donnant Colbert. » Louis XIV accepta ce magnifique legs, qui devait racheter les négligences de l'administration intérieure du cardinal, et il n'eut pas à s'en repentir. Aussi, malgré bien des froissements inévitables entre celui que ses contemporains appelaient *l'homme de marbre*, et le souverain qui rapportait tout à sa personne, ce dernier garda pendant vingt-deux ans son principal ministre, et c'est en grande partie à Colbert qu'il est redevable de la prospérité des premières années de son règne. D'abord simple intendant des finances, ensuite contrôleur général lors de la chute du surintendant Fouquet, à laquelle il fut loin d'être étranger, Colbert joignit encore à ces fonctions la direction des beaux-arts et des travaux publics, et enfin, après avoir été intendant de la marine sous la signature du grand diplomate Hugues de Lyonne, il devint, le 7 mars 1669, ministre secrétaire d'Etat, chargé des deux marines du Ponant et du Levant, constituées pour lui en un département unique. C'est de ce jour que la France a pris rang parmi les puissances navales. Obligé de nous borner ici à ce qui concerne les choses de la mer, nous en dirons cependant assez pour justifier l'éloge du plus grand peut-être des ministres qui aient honoré notre administration. Créateur de la marine française, Colbert a voulu et obtenu (c'est là un de ses plus beaux titres de gloire) que la France exerçât sur les mers l'influence matérielle et morale d'une puissance de premier rang.

Pour arriver à ce but, il fallait, avant tout, encourager le commerce et l'industrie, seules garanties de l'influence navale d'une nation. Colbert commença

par prononcer la suppression, dans toutes les provinces qui l'acceptèrent, des douanes intérieures qui
grevaient la circulation des marchandises, devançant,
sous ce rapport, de plus d'un siècle, la Révolution
française. Il réduisit ensuite les péages. ainsi que les
droits d'entrée et de sortie, déclara ports francs Dunkerque, Bayonne et Marseille, répara les grandes
routes créées par Sully, en traça de nouvelles, auto-
risa Riquet à exécuter le canal du Languedoc, pour
lequel on creusa le port de Cette, fit décréter le canal
d'Orléans, et projeta celui de Bourgogne A l'égard de
l'étranger, comme il voulait que la France fût en état
de se suffire à elle-même, il frappa de droits considérables à l'entrée tout produit similaire, et, par contre, il accorda aux armateurs et navigateurs nationaux des primes de construction, d'exportation et
d'importation.

Grâce à ces mesures protectrices, nécessaires pour
mettre le commerce d'une nation en état d'exister,
nos manufactures prirent un grand essor. C'est Colbert qui a donné à notre industrie ce cachet de supériorité qu'elle a conservé pour toutes les œuvres d'art
et de goût. L'industrie de luxe lui doit les glaces de
Tourlaville et de Saint-Gobain, ainsi que les draps
de Sedan et de Louviers, et le perfectionnement des
dentelles d'Alençon et des soieries de Lyon. La manu-
facture des Gobelins. qui datait de Henri IV, devint
une grande école-modèle pour la tapisserie. la pein-
ture, la sculpture, l'orfévrerie et l'ébénisterie. Colbert
encouragea aussi les manufactures qui produisent les
objets de première nécessité. L'industrie de la terre
même ne fut pas négligée, comme on l'a prétendu ;
car il diminua les tailles qui pesaient principalement

sur le paysan, et renouvela la défense qu'avait faite Sully de saisir les bestiaux pour le payement des impôts. Il commit seulement l'erreur de maintenir la prohibition du transport des grains de province à province : c'était pour avoir constamment le blé à bas prix.

Nos colonies, languissantes jusque-là, furent ranimées, afin d'ouvrir des débouchés à notre commerce. En 1661, nous possédions en fait d'établissements : Terre-Neuve et le Canada, depuis François Ier ; l'Acadie et la Guyane, depuis Henri IV ; le Sénégal, Bourbon, Madagascar et les petites Antilles, depuis Richelieu ; enfin le navigateur Bourdon avait reconnu la baie d'Hudson en 1656. Colbert plaça sous la protection de la France les flibustiers de Saint-Domingue, aventuriers, les uns anglais, la plupart normands, qui s'étaient emparés de la partie occidentale d'Haïti ; racheta successivement les Antilles aux particuliers qui en avaient pris possession, et qui s'en étaient fait des espèces de principautés féodales ; envoya de nouveaux colons à Terre-Neuve, Cayenne, Madagascar et au Sénégal ; acheta les comptoirs de Chandernagor et de Pondichéry, et envoya en 1678 le normand La Sale reconnaître la magnifique vallée du Mississipi, qui reçut le nom de Louisiane, aujourd'hui borné à ses embouchures. Fermées aux échanges de l'étranger, nos colonies furent livrées à six compagnies privilégiées. Cependant Henri IV et Richelieu avaient déjà essayé vainement ce système ; mais à l'appui, on invoquait l'état florissant des comptoirs anglais et hollandais. Aucune des compagnies françaises ne prospéra, et la plupart durent être bientôt supprimées.

La marine militaire fut rétablie définitivement et
ir un pied formidable. On commença par recourir
ix constructeurs suédois et hollandais, après quoi
on s'affranchit de toute assistance étrangère. Dans
espace de quelques années le perfectionnement de la
otte devint merveilleux. En même temps qu'on éle-
ait les vaisseaux à des proportions colossales pour
époque (soixante mètres de long pour ceux de pre-
lier rang), un ingénieur basque, Bernard Renau
'Eliçagaray, les débarrassait de ces forteresses d'ar-
ère et d'avant, dites gaillards, qui donnaient à cer-
iins navires jusqu'à vingt mètres de hauteur, depuis
couronnement jusqu'au talon de la quille. Le
ombre des vaisseaux s'accroissait aussi rapidement.
ès 1666, on eut 70 bâtiments de guerre ; en 1671,
n en était déjà à 196 navires ; en 1683, à la mort
e Colbert, on en comptait 276 ; en 1696, quatre ans
près la Hougue, Louis XIV en avait encore près
e 300. L'effectif normal avait été fixé à 120 vais-
eaux de ligne, divisés en cinq classes, et portant de
0 à 120 canons.

Nous avions à cette époque six ports de guerre :
)unkerque, racheté en 1662 à Charles II d'Angle-
erre ; le Havre, création de François Ier ; Brest et
e Brouage, décrétés par Richelieu ; Marseille et Tou-
on, où l'on continuait à entretenir des galères, ce
lernier port ébauché par Henri IV. Louis XIV
nontra une prédilection, légitime du reste, pour la
ille flamande des dunes. D'après ses ordres, Vauban
igrandit le port et y fit de grands travaux d'enceinte
t de canalisation. Malheureusement, ce bassin, admi-
ablement placé pour des bâtiments de second ordre,
lans une mer où nous n'avons presque pas de mouil-

lages, manquait déjà de profondeur pour les vaisseau
de premier rang. Le Havre, pour la même raison
avait été reconnu peu propre à la marine de guerre
Il nous fallait cependant un arsenal qu'on pût oppose
à l'Angleterre. Colbert proposa la Hougue ; Vauban
Cherbourg, qu'il qualifiait de *position audacieuse*
On commença dans l'un et l'autre port quelques tra
vaux qui furent bientôt ajournés et reportés sur Brest
Ceux ordonnés sur la Penfeld par Richelieu étaien
devenus insuffisants. Au printemps de 1665, Du
quesne arriva avec une escadre dans la rade de Brest
Il y resta sept ans, dirigeant, de concert avec l'inten
dant De Seuil, toutes les constructions, et quand le
fils de Colbert vint en 1672, il y vit une flotte de
cinquante vaisseaux de ligne (1). Quant au Brouage
situé au milieu de marais salants, comme il n'offrai
pas des conditions convenables, on songea d'abord à
l'embouchure de la Seudre, puis à la Charente, ri
vière étroite et tortueuse, mais profonde, et l'on se
décida pour un village situé entre Tonnay-Charente
et Soubise, Rochefort. La place Colbert, au centre de
la ville, rappelle cette création. Rochefort est un por
d'armement et de refuge d'autant plus précieux que
deux îles importantes, Ré et Oléron, bordent, avec le
continent, les trois pertuis ou avenues maritimes par
lesquelles on arrive à la rade de l'île d'Aix. Colbert
songeait aussi à la Méditerranée. Laissant Marseille
aux galères, Vauban fut chargé de refaire la ville et

(1) Après Duquesne et l'ingénieur Sainte-Colombe, qui en
1681 entoura la ville et la rade d'enceintes et de batteries, il
est juste de citer, au dix-huitième siècle, l'ingénieur Choquet
de Lindu, qui passa quarante-cinq ans de sa vie à compléter l'arsenal de Brest.

port de Toulon. Il y traça la nouvelle darse qui a
ardé son nom, construisit l'arsenal, détourna les
eux rivières de l'Eygoutier et du Las qui engravaient
petite rade. et munit le tout, comme plus tard à
rest, de fortifications redoutables (1). Colbert songeait
ncore à Port-Vendres, projet qui ne fut exécuté que
ous Louis XVI, en même temps que Cherbourg.

Pour recruter le personnel de l'armée de mer, Col-
)ert substitua au régime violent et arbitraire de la
presse, qui subsiste encore en principe, sinon en fait,
:hez nos voisins, le système des *classes* que nous
ivons gardé sous le nom d'inscription maritime, et
jui fut ainsi appelé parce que, dans l'o ig ne, on di-
visa les gens de mer en plusi urs class s (généralement trois), qui servaient la patrie à tour de rôle sur
les vaisseaux de guerre et sur les navires de commerce. Ce système, appliqué d'abord en 1665 à la
Saintonge, à l'Aunis et au Poitou. fut étendu à tout
le littoral par les ordonnances de 1668, 1669, 1673,
et 1689. Jusqu'en 1784, l'enrôlement fut obligatoire
et perpétuel. Depuis le dernier décret du 22 octobre 1863, l'inscrit ne peut plus être requis, après six
ans de service, si ce n'est en cas d'armements extraor-
dinaires, et en vertu d'un décret.

Richelieu avait eu l'idée de faire naviguer sur des

(1) Depuis Vauban. les principales améliorations qu'à re-
çues le port de Toulon sont : le premier bassin de carénage
de la darse Vauban construit de 1773 à 17 8 par l'ingénieur
provençal Groignard ; les chantiers de construction du Mou-
rillon, qui datent de Louis-Philippe ; et. depuis le second
empire, le dragage de la petite rade à dix mètres de fond ;
la darse et les trois formes de Castigneau, qui sont en service depuis 1859 ; la darse et l'arsenal Missiessy, inaugurés
en 1863.

navires dits d'instruction plusieurs gentilshommes
qu'on formait ainsi au métier tout spécial de la mer.
En 1670, Colbert créa une compagnie de 200 gardes
de la marine, répartis entre les trois ports de Brest,
Rochefort et Toulon. Ils suivaient les cours des écoles
d'hydrographie, qui furent réorganisées par les ordonnances de 1681 et de 1689, et servaient comme simples soldats à bord des bâtiments de la flotte. En
1683, leur nombre fut porté à 800. Ce fut notre première école navale jusqu'en 1786.

L'amiralat, supprimé en 1626 par Richelieu, fut
rétabli en 1669, mais réservé comme distinction ho-
norifique aux enfants de France. Il n'y a eu que trois
amiraux jusqu'à la Révolution. Le premier fut le
comte de Vermandois, fils de Louis XIV et de La
Vallière, alors âgé de deux ans, et qui mourut en
1683. Il fut remplacé jusqu'en 1737 par le comte de
Toulouse, troisième fils de madame de Montespan.
Enfin, le duc de Penthièvre, fils du comte de Toulouse, lui a succédé de 1737 à 1791. Quant aux chefs
de l'armée navale, la plus haute dignité à laquelle ils
pussent prétendre était celle de maréchal de France.
Venaient ensuite les deux vice-royautés du Ponant
et du Levant, puis les grades de lieutenant général
des armées navales et de chef d'escadre, ce dernier
arborant dans certains cas le pavillon de contre-
amiral.

L'administration maritime fut aussi puissamment
organisée par Colbert, et tout à fait séparée du commandement militaire. On ne fit exception que pour
un seul homme, Duquesne, qui conserva son commandement d'escadre, tout en dirigeant les travaux
de Brest. Deux intendances générales maritimes fu-

ent créées : l'une, à la Rochelle, pour l'Océan ; l'au-
re, à Toulon, pour la Méditerranée.

Dès 1673, Colbert avait publié l'ordonnance du
ommerce, œuvre du négociant Savary, véritable
:ode en douze titres pour le commerce général ; mais
l fallait une législation à part pour le commerce tout
pécial de la mer. En 1681, parut l'ordonnance de la
narine, en cinq livres, que l'amirauté anglaise s'em-
ressa d'imiter, et qui est restée la base du second lire de notre code de commerce. Colbert travailla
russi au code des armées navales, qui parut huit ans
plus tard, sous le ministère de son fils Seignelay.

Nous avons essayé de résumer aussi brièvement
que possible les principales ordonnances maritimes
le cet homme, qui a plus fait pour la grandeur du
pays que tous les autres ministres venus après lui.
Le nom de Colbert a été donné à une de nos corvettes : il devrait être le patron d'un de nos plus grands
navires. Dès 1672, Louis XIV joignait à sa prépon-
dérante armée de terre une puissante marine, et c'est
ce qui explique la confiance avec laquelle Louis XIV
se jeta dans la guerre de Hollande.

En même temps qu'il négociait le rachat de Dunkerque et de Mardick, Louis XIV avait refusé posi-
tivement le salut auquel l'Angleterre prétendait obli-
ger tous les pavillons étrangers. Charles II, sans se
désister formellement de ses prétentions, céda sur le
point de fait. On convint que les deux marines ne se
salueraient ni d'une part ni de l'autre ; mais de son côté
Louis XIV, par une inconséquence singulière, exigea
ce même salut des nations autres que l'Angleterre.
Richelieu, non moins fier mais plus juste, avait établi
en 1630 le principe moderne de l'égalité des pavillons.

Deux ans plus tard (1664), Louis XIV songea à essayer ses forces maritimes contre les Barbaresques. Ces corsaires étaient devenus, principalement depuis le seizième siecle, la terreur de la Méditerranée. La France, qui possédait un établissement sur la côte algérienne pour la pêche du corail, avait conclu plusieurs traités avec eux ; conventions inutiles, car les promesses ne liaient pas ces mahométans vis-à-vis des chrétiens. Une première attaque, dirigée contre Djigelli, échoua ; l'année suivante, le duc de Beaufort répara son échec en détruisant les flottilles d'Alger et de Tunis.

Pendant ce temps, les Hollandais étaient aux prises avec l'Angleterre. Louis XIV, bien que l'allié de la Hollande, et quoiqu'il ait déclaré la guerre à Charles II, en 1666 ne voulut pas compromettre dans la lutte sa naissante marine ; mais il en profita pour revendiquer, à la mort de Philippe IV d'Espagne. les Pays-Bas, au nom de sa femme Marie-Thérèse, 1665. Charles II. ayant refusé de céder à sa sœur les dix provinces, la Flandre fut prise en deux mois, et la Franche-Comté. en plein hiver, dans l'espace de dix-sept jours. Ces rapides succès réconcilièrent l'Angleterre et la Hollande, et la triple alliance de la Haye, conclue entre ces deux puissances et la Suède, força Louis XIV de rendre la Franche-Comté au traité d'Aix-la-Chapelle. Seulement il garda la Flandre, 1668.

Louis XIV ne le pardonna pas à la Hollande. Il commença par dissoudre la triple alliance, puis il retourna Charles II d'Angleterre contre les États généraux, et enfin attaqua ceux-ci par terre et par mer (1672). De ce dernier côté, les Hollandais tinrent tête à leurs ennemis. La première bataille navale s'en-

,agea dans la baie de Southwold (Sole-bay). Les Ba-
aves, commandés par leur plus grand homme de
mer, le flessinguois Michel-Adrien Ruyter, déjà
illustré par près de quarante ans de combats, n'a-
raient que cinquante-trois vaisseaux à opposer à
autant de navires anglais commandés par le duc
l'York (depuis Jacques II), et aux trente vaisseaux
français de d'Estrées. Néanmoins la bataille fut indécise. Sur terre, la Hollande fut d'abord à toute extrémité. Le Rhin franchi, la Gueldre, l'Over-Yssel et
'Utrecht tombèrent en quelques jours au pouvoir de
Louis XIV. Dans leur premier moment d'effroi, les
rouliers des mers voulaient transporter leur république à Batavia, dans l'île de Java. Ils avaient calculé
que tous leurs navires réunis (douze mille environ)
pourraient emmener cinquante mille familles. Puis,
renonçant à ce projet, ils massacrèrent les frères de
Witt qui les commandaient, et confièrent la dictature
à Guillaume d'Orange.

Guillaume débuta par un acte que n'eût pas désavoué son aïeul, le Taciturne. Il creva les digues, seul
rempart qui protége le sol néerlandais contre les fureurs de l'Océan. La mer inonda ainsi la Hollande et
l'Utrecht ; la Meuse submergea le Brabant : immense
et patriotique sacrifice qui rendait le pays inabordable aux armées de terre, du moins jusqu'aux gelées.
Sur mer, les Hollandais conservèrent leur supériorité.
Trois grandes batailles furent livrées, en 1673, entre
Ruyter d'une part, d'Estrées et le prince Rupert de
l'autre : les deux premières, à Walcheren ; la troisième, au Texel. Elles furent aussi peu décisives que
celle de Sole-bay.

En 1674, Guillaume parvint à détacher l'Angleterre, et arma contre nous l'Espagne, l'Autriche et les petits princes d'Allemagne. Louis XIV, lâchant alors la Hollande, enleva à Charles II la Franche-Comté, et tint tête à toute l'Europe. Aux Pays-Bas, Condé vainquit à Sénef le prince d'Orange avec des forces bien inférieures. Sur le Rhin, Turenne sauva l'Alsace, et tint en échec l'Allemagne entière. Créqui et Luxembourg soutinrent dignement le redoutable héritage que leur imposaient la mort de Turenne et la retraite de Condé. Aucune de nos frontières ne fut entamée.

L'année suivante (1675), Louis XIV envoya des secours à Messine, révoltée contre l'Espagne. Le chevalier de Valbelle, avec six vaisseaux et trois brûlots, perça la flotte de Melchior de la Cueva, forte de vingt-deux vaisseaux et de vingt-quatre galères. Duquesne le suivit de près avec huit autres vaisseaux. Valbelle, sortit de Messine pour le joindre, et un premier combat s'engagea dans le Phare, où les Français eurent l'avantage. En 1676, la Hollande s'étant décidée à secourir son ancienne maîtresse, trois grandes batailles navales, dont les deux premières entre Ruyter et Duquesne, furent livrées dans les eaux de la Sicile. Ce sont celles de Stromboli, d'Agosta et de Palerme.

La première eut lieu à la hauteur d'Alicuri, la plus occidentale des îles Lipariennes, 8 janvier 1676. Ruyter avait alors soixante-huit ans, et était à l'apogée de sa gloire; Duquesne, qui commandait les Français pour le duc de Vivonne, presque aussi âgé que son rival, et, quoique ayant dirigé depuis 1628 un vaisseau de guerre, n'était lieutenant général que depuis sept ans. Les forces étaient à peu près égales : une vingtaine de vaisseaux de part et d'autre. On combattit toute la journée sans avantage marqué, mais Duquesne avait atteint son but, car il put entrer dans Messine en tournant le Phare par le sud. Le loyal Ruyter rendit pleine justice à son rival : son rapport aux Etats généraux est rempli d'une chevaleresque admiration pour Duquesne et pour les Français.

Quatre mois plus tard (22 avril), les deux flottes se rencontrèrent de nouveau entre Catane et Agosta, en vue de l'Etna. Ce fut le plus terrible combat qu'on eût encore vu dans la Méditerranée. Au plus fort de l'action, un boulet fracassa Ruyter, qui continua de commander le feu. La nuit sépara les combattants. Les alliés se retirèrent dans le port de Syracuse. Le 29 avril, Duquesne vint les y chercher. Ils restèrent immobiles : ce jour-là même, le grand Ruyter expirait à bord de son navire. Louis XIV ordonna que, si ce navire passait en vue des ports français, on rendît les honneurs funèbres au corps de l'amiral.

La dernière affaire eut lieu à Palerme (2 juin). Cette fois-là. Vivonne avait pris le commandement en chef. et il avait sous ses ordres Duquesne, Tourville et Valbelle. La flotte hispano-batave était mouillée en demi-cercle à l'entrée de la rade. La déroute des alliés fut complète. L'amiral espagnol don Diégo d'Ibarra sauta avec son équipage ; le vice-amiral hollandais Haën eut la tête emportée par un boulet ; la plupart de leurs navires furent incendiés par nos brûlots. Cependant Vivonne, affaibli lui-même, n'essaya pas d'emporter la grande capitale de la Sicile, et comme Louis XIV ne lui envoya que des renforts insuffisants il en résulta que ces trois grands triomphes furent matériellement stériles.

La lutte continua encore pendant deux ans, au

bout desquels l'adhésion de l'Angleterre à la coalition força Louis XIV de proposer la paix. Elle fut signée à Nimègue, sur le Wahal, en 1678. La Hollande n'y perdit que quelques comptoirs du Sénégal, et l'Espagne, payant pour elle, céda à la France la Franche-Comté. Cette guerre impolitique avait eu pour résultat de jeter la Hollande dans les bras de l'Angleterre.

Colbert essaya de réparer les maux de la France; car elle n'était pas sortie sans blessures de cette lutte acharnée contre tant d'ennemis. Mais l'influence de Louvois, le démon de la guerre, commençait à prévaloir dans les conseils de celui qu'on appelait déjà le grand roi ; celle de Colbert, le génie de la paix, diminuait de tout autant, et, à partir de cette époque, Louis XIV, se croyant l'impunité assurée, commença la longue série des fautes qui devaient amener la coalition d'Augsbourg. La première injustice criante, ce fut de vouloir continuer ses conquêtes en pleine paix. En 1679, il institua trois commissions afin de rechercher les antiques dépendances des villes ou provinces obtenues par les traités de Westphalie, des Pyrénées, d'Aix-la-Chapelle et de Nimègue, et d'en prononcer la réunion à la France. Il prit ainsi une vingtaine de villes, dont une seule nous est demeurée, Strasbourg. L'Europe frémissante, mais désarmée, reconnut provisoirement toutes ces usurpations par la trêve de Ratisbonne.

Cependant Louis XIV continuait à soutenir la cause de la civilisation en Afrique. Des corsaires de Tripoli ayant enlevé, en 1681, un bâtiment français sur les côtes de Provence, le vieux Duquesne les poursuivit dans le port ottoman de Chio, et les bloqua jusqu'à ce qu'il en eût obtenu satisfaction. A la même époque, une autre escadre bloquait, pour une cause analogue, les ports du Maroc. Mais c'était d'Alger, centre de la piraterie, qu'étaient parties les plus grandes offenses. En 1682, Duquesne mouilla devant la ville, avec onze vaisseaux, quinze galères et cinq galiotes à bombes, dont Bernard Renau était l'inventeur et le commandant. C'étaient des bâtiments destinés à porter chacun deux mortiers : ils étaient longs de quarante mètres, très forts de bois et à fonds plats. Le premier effet fut terrible, quoique incomplet, parce que Duquesne, craignant le vent de l'équinoxe, remit à la voile au mois de septembre. L'année suivante, le bombardement recommença ; il fut plus désastreux : Renau avait inventé des mortiers qui portaient à deux mille quatre cents mètres. Les Algériens exaspérés massacrèrent leur dey qui parlait de traiter, et se vengèrent en attachant les captifs à la gueule de leurs canons. Après avoir épuisé ses munitions, Duquesne repartit, laissant une croisière, dont le chef, Tourville, reçut, l'année suivante, la soumission des Algériens. Ils traitèrent pour cent ans. Cependant il fallut encore une expédition de d'Estrées, en 1688.

Comme pour lasser à plaisir la patience de l'Europe, Louis XIV se permit en 1684 de bombarder Gênes, coupable de désobéissance envers le grand roi et de malveillance pour la France. Duquesne, Bernard Renau, Seignelay et Tourville, qui dirigeaient le siége, l'eussent écrasée dans ses palais de marbre, si le doge impérial Lescaro n'était venu demander grâce à Versailles.

Colbert ne vit pas ces deux dernières injustices, ni la plus grande de toutes, la révocation de l'édit de Nantes, qui porta un coup fatal à la marine comme à l'industrie et au commerce de la France, car le seul Duquesne fut exempté de la proscription commune. Colbert était mort en 1683, à soixante-quatre ans, usé de travail et abreuvé de dégoûts par son maître. Le peuple fut aussi ingrat que Louis XIV, et il fallut enterrer de nuit, pour le soustraire à ses outrages, le grand ministre auquel il attribuait sans raison les taxes onéreuses et vexatoires établies depuis la guerre de Hollande. Son corps repose dans l'église de Saint-Eustache à Paris. Son fils Seignelay, qui lui avait été adjoint dès 1672, avec droit de survivance, lui succéda au département de la marine.

III

DERNIÈRES GUERRES DE LOUIS XIV

1º *Guerre de la Ligue d'Augsbourg.* — Ligue d'Augsbourg. — Dernières années de Charles II d'Angleterre. — Jacques II. — Révolution de 1688. — Louis XIV prend en main la cause des Stuarts. — Combat de Bantry-Bay. — Première campagne de Tourville. — Bataille de Beachy-Head ou de Beveziers. — Défaite de Jacques II en Irlande. — Victoires sur le continent. — Mort de Seignelay, 1690; de Louvois, 1691. — Campagne du Large. — Plan de campagne pour l'année 1692. — Obstacles à sa réussite. — Bataille de Wight ou de la Hougue. — Déroute. — Résultat de cette journée. — Dernières victoires sur le continent. — Coup de main du cap Saint-Vincent. — Machine infernale de Saint-Malo. — Attaques multipliées contre nos villes maritimes. — La course substituée aux guerres de flotte. — Jean Bart. — Duguay-Trouin. — Forbin. Ducasse, de Nesmond, d'Iberville, de Pointis. — Prise de Barcelone. — Paix de Ryswick.

Guerre de Succession d'Espagne. — L'Espagne échoit par testament à un petit-fils de Louis XIV. — Grande ligue de la Haye. — Mort de Guillaume. — Épuisement de la France. — Triumvirat fatal à Louis XIV. — Désastre maritime de Vigo. — Victoire de Ducasse à Saint-Domingue. — Gibraltar aux Anglais. — Bataille de Velez-Malaga. — Inutiles tentatives pour reprendre Gibraltar. — Prise de Barcelone par les Anglais. — Ravages de nos corsaires. — Affaire du *Devonshire* — Revers sur le continent. — Prise de Minorque par les Anglais. — Prise de Rio par Duguay-Trouin. — Exploits de Cassard. — Victoire de Denain. — Traités d'Utrecht, de Radstadt et de Bade. — Anne remplacée par George 1er, 1714; Louis XIV par Louis XV, 1715.

1° *Guerre de la Ligue d'Augsbourg* (1689-1697).

Cependant l'orage s'amassait de tous côtés autour de la France. Catholiques et protestants, le centre et le midi de l'Europe se déclaraient successivement contre Louis XIV. Celui-ci était tranquille, ayant pour lui, non l'Angleterre, mais les Stuarts, qu'il tenait à sa solde, alliance précieuse en ce sens qu'elle ne l'obligeait pas de diviser ses forces pour en porter une partie sur le continent, et l'autre sur mer. Sa politique fut déjouée par la révolution anglaise de 1688.

Le fils du supplicié, rappelé en 1660 par les Anglais, las de la tyrannie du Protectorat, Charles II, roi frivole et débauché, n'avait pas tardé à renouveler la lutte des Stuarts contre le Parlement (1). La nation anglaise, indignée de l'abaissement du pays, avait imposé à son roi les deux bills du *test*, contre les catholiques, et d'*habeas corpus*, pour empêcher les ar-

---

(1) On peut en voir les détails dans la *Révolution d'Angleterre* de M. Eugène Despois, qui fait partie de la *Bibliothèque utile*.

restations arbitraires. Mais Charles II, pouvant, à la rigueur, se passer du Parlement, puisqu'il recevait annuellement deux ou trois millions de Louis XIV, foula aux pieds toutes les lois, déjoua plusieurs conspirations, et mourut, en 1685, assez à temps pour n'être pas témoin d'une révolution nouvelle.

Elle éclata sous le règne de son frère Jacques II. Ce prince, auteur de mémoires estimés, qui avait servi sous Turenne, qui s'était distingué sur mer contre la Hollande, à Lowstoff et à Southwold, une fois roi, sembla prendre à tâche de faire tout ce qu'il fallait pour tomber du trône. Il tomba, en effet, au bout de trois ans, ayant voulu rétablir le catholicisme dans un pays où Innocent XI renonçait à le faire prévaloir. Ce fut en vain que Louis XIV l'avertit des menées de Guillaume d'Orange, son gendre, et lui offrit des secours. Jacques n'écouta rien, n'accepta rien, ne fit rien. Guillaume débarqua à Torbay et prit sa place sans coup férir. Jacques, qu'on ne chercha même pas à retenir prisonnier, se réfugia en France.

La chute de Jacques II, qui mettait dans une même main les deux marines si florissantes de Hollande et d'Angleterre, fut un coup de foudre pour Louis XIV. Néanmoins le grand roi ne recula pas. Il accueillit royalement le Stuart déchu, et c'est pour le rétablir qu'il commença avec la Grande-Bretagne cette longue lutte maritime qui a duré à peu près sans interruption jusqu'en 1815.

La guerre était déjà commencée contre l'Allemagne, et la rive gauche du Rhin conquise par l'incendie du Palatinat et la prise de Philppisbourg, lorsque Louis XIV donna à Jacques II une petite armée et une escadre pour faire soulever l'Irlande, île catholique et

)ar conséquent antiorangiste. Châteaurenault partit ensuite avec vingt-quatre vaisseaux de guerre et sept mille hommes. Comme le débarquement commençait à s'opérer dans la baie de Bantry, l'amiral anglais Herbert parut, avec vingt-deux vaisseaux plus forts l'échantillon et meilleurs voiliers que les navires français. Châteaurenault n'en courut pas moins au-devant de l'ennemi, et le battit (10 mai 1689) ; puis il effectua son débarquement, et revint à Brest, après avoir capturé un riche convoi hollandais. Son expédition avait duré en tout onze jours.

Il fut rejoint par plusieurs vaisseaux sortis de Rochefort, du Havre, de Dunkerque. On attendait encore l'escadre de Toulon. Herbert, qui de son côté s'était renforcé de l'escadre batave, vint croiser, avec soixante-dix vaisseaux, à l'entrée de l'Iroise, pour empêcher la jonction des vingt navires de la Méditerranée. Heureusement cette flotte avait pour chef un homme qui était le premier marin de France, depuis que Duquesne n'existait plus. Anne-Hilarion de Cotentin, comte de Tourville, que Louis XIV avait nommé capitaine de vaisseau à vingt-cinq ans, et qui s'était couvert de gloire à Southwold et dans la Méditerranée, attendit au large, pendant six jours, le vent de sud-ouest qui devait disperser la flotte combinée, et entra sain et sauf dans la rade. Il en sortit bientôt à la tête de toutes les forces françaises, Seignelay à son bord. L'impétueux ministre ne rêvait qu'une grande bataille navale. Louis XIV, plus prudent, défendit de poursuivre la flotte des alliés, avant la concentration entière de ses escadres.

En effet, dit M. Henri Martin, dont nous extrayons tout ce chapitre, en l'abrégeant, on vit bientôt arri-

ver dans la rade de Brest une seconde escadre ame-
née de Toulon par Châteaurenault, qui avait franchi
le détroit de Gibraltar en présence de forces supérieures, puis tous les navires disponibles des ports
du Ponant; enfin quinze galères construites en trois
mois à Rochefort, par ordre de Seignelay, qui voulait utiliser sur l'Océan ces navires que le calme n'arrête pas. Le 23 juin 1690, Tourville ressortit, cette
fois pour combattre, avec soixante-dix vaisseaux de
ligne, presque tous au-dessus de cinquante canons.
Les côtes de France n'avaient jamais rien vu de si
terrible, ni de si magnifique. Seignelay, oublieux des
maximes de son père, qui voulait à bord de nos navires de guerre cette mâle simplicité à laquelle on est
revenu de nos jours, les avait surchargés d'un luxe
ruineux. La flotte, contrariée pendant plusieurs jours
par le vent, n'entra que le 29 juin dans la Manche.
Le 2 juillet, elle était en vue de l'ennemi dans les
eaux de l'île de Wight. Les Anglo-Hollandais n'a-
vaient que soixante-cinq bâtiments de ligne; mais
Herbert avait ordre de combattre sans attendre un
renfort préparé en Hollande. Après quelques jours
d'évolution, ayant pour lui le vent qui soufflait du
nord-est, il prit l'offensive, et la bataille s'engagea
le 10 juillet, en vue de cette pointe que forme
la côte de Sussex, entre Brighton et Hastings. Les
Anglais l'appellent Beachy-Head; nous la nommons
cap Béveziers. Les vingt vaisseaux hollandais, qui
formaient l'avant-garde sous l'amiral Evertzen,
arrivèrent à toutes voiles, sans prolonger assez leur
ligne pour présenter un front égal à celui de l'avant-
garde française. Châteaurenault, qui commandait celle-
ci, profita de cette faute pour mettre Evertzen entre

leux feux. Le corps de bataille ennemi ne tenta que faiblement de dégager les Hollandais. L'amiral bleu (Russel) attaqua plus vigoureusement l'arrière-garde française, mais sans gagner sur elle aucun avantage. Après huit heures de feu, l'ennemi se retira. Tourville, privé de ses galères que le gros temps avait forcées de relâcher à Camaret, ne put atteindre que les vaisseaux hollandais qui, démâtés pour la plupart, se jetèrent à la côte et se brûlèrent. Quant à l'armée française, elle ne perdit pas une chaloupe, et l'on peut dire que jamais victoire si complète n'a été remportée sur mer, même par notre rivale. Seignelay, alors mourant, voulait qu'on en profitât pour envahir l'Angleterre ; mais l'amiral Herbert avait fait enlever toutes les bouées et balises de la Tamise. Tourville brûla encore quatorze navires à Teignmouth dans le Devonshire, et revint à Brest.

Ce beau triomphe était d'ailleurs inutile à Jacques II qui perdait tout en Irlande Il avait consumé un temps précieux au siége de Londonderry, port situé sur la côte nord de l'île, pendant que Guillaume débarquait sur la côte occidentale. Malgré le conseil que lui avait donné Louis XIV de traîner la guerre en longueur, jusqu'à ce qu'il eût reçu des forces suffisantes, il attendit l'ennemi près de Drogheda, à l'embouchure de la petite rivière de la Boyn, fut complétement battu, et s'enfuit en France. La même année, Luxembourg et Catinat se couvraient de gloire en Flandre et aux Alpes par les victoires de Fleurus et de Staffarde.

La fin de cette année 1690, si glorieuse pour la marine française, vit mourir Seignelay, à peine âgé de trente-neuf ans, perte irréparable, en ce qu'il ne léguait à personne la tradition et le secret de l'administration maritime. Il laissait seulement le code des armées navales, dont nous avons déjà parlé, et qui est encore la base du code de justice militaire de 1858. Il eut pour successeur Pontchartrain, qui montra de la bonne volonté, mais qui, de son propre aveu, n'avait aucune connaissance de la marine. L'année suivante, ce fut le tour de Louvois, autre grand administrateur, malgré ses fautes, et qui ne fut pas remplacé non plus par son fils Barbezieux.

La campagne navale de 1691 fut pourtant encore avantageuse aux Français. Les alliés ayant réuni jusqu'à quatre-vingt-six vaisseaux de guerre, sous les ordres de l'amiral Russell, Tourville, qui n'en avait que soixante neuf, eut ordre d'éviter le choc, tout en tenant la mer, pour capturer les convois ennemis. Poursuivi par l'Anglais, qui voulait l'amener à un combat, il gagna le large, le joua par de fausses routes, conserva l'avantage du vent, alors si précieux, et durant cinquante jours ne lui fournit aucune occasion de combattre, épiant lui-même celle de l'attaquer avec avantage. Enfin, il rentra heureusement à Brest, le 14 août, pendant que la flotte alliée essuyait un coup de vent sur les côtes d'Irlande. Telle est cette mémorable campagne du Large, toute de tactique, et qui est considérée comme le chef-d'œuvre de Tourville.

Enhardi par le succès, Louis XIV voulut frapper l'Angleterre au cœur, et prépara tout pour une descente. Une armée de trente mille hommes, avec cinq cents bâtiments de transport, fut réunie sous les ordres du roi Jacques et du maréchal de Bellefonds. Tourville devait les suivre avec cinquante vaisseaux de ligne, et attaquer la flotte anglaise avant sa joncon avec celle des Hollandais, pour appuyer la descente. L'ordre exprès lui fut envoyé de combattre les ennemis en quelque nombre qu'ils fussent, et « que, il y avait du désavantage, le roi s'en remettait à lui pour sauver l'armée du mieux qu'il pourrait. » Et, dans un autre endroit des instructions : « Sa Majesté voulait qu'il opiniâtrât le combat. » Louis XIV, qui avait des intelligences en Angleterre, était persuadé que la moitié de la flotte anglaise passerait du côté de son roi. La descente opérée, Tourville devait rallier à Brest les escadres de Toulon et de Rochefort, puis tenir la Manche pendant toute la campagne.

Malheureusement Tourville fut retenu pendant près d'un mois dans les eaux de Brest par les vents ; d'Esrées eut aussi des retards à Toulon et au détroit ; enfin, l'armement de Rochefort ne put se compléter à temps. Tourville jugeant que les mêmes vents, qui arrêtaient les Français dans la Manche, devaient au contraire avoir facilité la jonction des alliés, demanda à Pontchartrain de changer ses ordres En ayant essuyé un refus mêlé de reproches outrageants, il mit à la voile avec trente-sept vaisseaux, les seuls disponibles. En route, il fut rejoint par sept vaisseaux de l'escadre de Rochefort. Pendant ce temps, Louis XIV, ayant eu avis que le complot jacobite était éventé, et que les deux flottes avaient opéré leur jonction. fit expédier de tous côtés de grandes barques pour rappeler Tourville, Aucune ne le rencontra. La flotte française était alors à la hauteur du cap de Barfleur. C'est à sept lieues nord-est de cette pointe, qu'elle rencontra la flotte alliée. forte de quatre-vingt-huit vaisseaux, la plupart supérieurs à ceux des Français.

En attaquant, malgré une pareille disproportion de

forces, un adversaire aussi redoutable que l'amiral
Russel. Tourville donna un noble démenti aux envieux
qui, l'année précédente, l'avaient accusé d'indécision,
lors de sa campagne du Large. Il avait pour lui le
vent qui en ce moment soufflait du sud-ouest Sur les
onze heures du matin (29 mai) avec son corps de bataille, il poussa droit au centre des alliés. Accablé par
le nombre, il fut dignement secouru par le commandant de la troisième division de l'arrière garde, Coët-
logon, dont l'attaque fut si impétueuse que Russel
plia un moment. Quant à ses deux ailes, celle de Pan-
netier avait entraîné loin du champ de bataille l'arrière-garde anglaise ; celle de d'Amfreville avait tenu
constamment en échec l'escadre hollandaise, avec quatorze vaisseaux contre trente-six.

Telle fut cette fameuse bataille de la Hougue, où,
après dix heures d'une lutte aussi inégale, les Français n'avaient pas perdu un seul navire, pendant que
deux vaisseaux anglais avait péri. Si nous avions eu
un port de refuge à la Hougue ou à Cherbourg, notre
gloire restait tout entière. Mais onze vaisseaux avaient
rejoint la flotte ennemie, ce qui portait leur nombre à
quatre-vingt-dix sept. Il fallut se décider à la retraite :
elle ne pouvait être que désastreuse ; vingt-deux navires parvinrent, il est vrai, à se réfugier à Saint-Malo,
et sept à Brest ; des quinze autres, douze furent incendiés à la Hougue, et trois à Cherbourg En personnel,
la perte des Français était de dix-huit cents hommes
tués ou hors de combat. Les Anglais perdirent plus
de monde, sans compter les Hollandais. Ce ne fut
donc pas, comme on l'a prétendu un de ces désastres
qui anéantissent une marine. Ainsi n'en jugeaient
pas du moins Russel, qui s'honora en écrivant une

lettre d'éloges au glorieux vaincu, et Louis XIV, qui lui donna le bâton de maréchal de France. La Hougue rendait seulement impossible le rétablissement des Stuarts, ce qui n'était pas, il faut l'avouer, un grand malheur.

Sur le continent, le bonheur du grand roi se soutenait. Les victoires de Luxembourg à Steinkerque et à Nerwinde nous donnaient la Belgique; celle de Catinat à la Marsaille nous livrait le Piémont. Il est vrai que ces triomphes de l'armée de terre furent les derniers. Luxembourg mourut au commencement de 1695, et on le remplaça par l'incapable Villeroi. Quant à Catinat, qui alla jusqu'en 1712, comme on ne lui envoyait pas de renforts, tout ce qu'il put faire, ce fut de se maintenir dans ses lignes.

En 1693, d'après le conseil de Bernard Renau, Tourville alla se poter dans la rade de Lagos, à l'est du cap Saint-Vincent, et intercepta la flotte anglo-batave du Levant, escortée par vingt-trois vaisseaux que commandait l'amiral Rooke. Lui, à son tour, n'avait pu être averti à temps du départ des Français. La flotte de Tourville comptait soixante et onze vaisseaux de ligne. Rooke, sentant la résistance impossible, s'enfuit. Dans la retraite, il perdit près de cent navires, dont huit vaisseaux de guerre à Lagos, Cadix, Gibraltar et Malaga. Belle revanche de la Hougue.

Les Anglais tentèrent de se dédommager en détruisant Saint-Malo, ce redoutable nid de corsaires, d'où commençait à sortir régulièrement Duguay-Trouin. Ils lancèrent sur la ville une machine infernale, escortée par vingt-cinq bâtiments de guerre. Par bonheur, cet engin échoua sur une roche et s'ouvrit. L'ingénieur qui l'avait construite, un protestant français réfugié, y mit le feu à tout hasard. Il n'y eut d'autres victimes que ceux qui montaient le bâtiment.

Louis XIV, épuisé, avait demandé la paix. Les alliés, qui ne l'étaient guère moins, se montrèrent pourtant intraitables. Il fallut réduire nos armements sur mer. Il en résulta que l'ennemi insulta nos côtes; mais sans grand succès. En 1694, l'amiral Berkeley, ayant tenté un débarquement dans la baie de Camaret, fut repoussé par Vauban et Langeron. Les Anglais furent plus heureux à Dieppe, qu'ils incendièrent. De là, ils se portèrent sur le Havre. Rebutés de ce côté, ils lancèrent inutilement deux machines infernales sur Dunkerque et quelques bombes dans Calais. L'année suivante, il échouèrent successivement à Saint-Malo, à Dunkerque, à Calais, et ne réussirent qu'à bombarder Granville alors sans défense. En 1696, ils attaquèrent pour la troisième fois Calais, menacèrent Brest, bombardèrent Saint-Martin-de-Ré, les Sables-d'Olonne, et ravagèrent quelques îlots de la côte bretonne, sans pouvoir seulement opérer une descente à Belle-Ile. C'était bien, comme il le fut dit spirituellement en France : « casser des vitres avec des guinées. »

Tout au rebours, les corsaires français faisaient un tort immense au commerce des alliés, sans rien coûter à l'Etat. Louis XIV, ne pouvant plus entretenir d'armées navales, donnait des lettres de marque, et prêtait les vaisseaux de la France aux particuliers. C'était alors le beau temps de la course. Il sortait continuellement de nos ports des escadres qui bravaient l'impuissante colère des alliés, et même de simples navires montés par d'intrépides marins qui perçaient de haute lutte des flottes entières, et semblaient se jouer des vents comme de l'ennemi. Les deux plus populaires de ces corsaires sont Jean Bart et Duguay-Trouin.

Le premier, né à Dunkerque en 1650, était fils d'un armateur et avait appris le métier de la mer à l'école du grand Ruyter. C'est en 1679 que, sur la demande de Vauban, il entra dans la marine royale comme lieutenant de vaisseau Ses succès dans la guerre d'Angleterre lui valurent le brevet de chevalier de saint Louis, avec des lettres de noblesse et le grade de chef d'escadre. En effet il prit ou brûla plus de quatre-vingts navires dans la Manche, et rendit vaines toutes les attaques de l'ennemi contre sa ville natale, en 1692 et en 1695. Au cap Saint-Vincent, il enleva à lui seul six bâtiments alliés. En 1696, il empêcha, malgré la protection d'une forte escadre, la pêche du hareng, qui occupait plus de cinq cents navires anglo-hollandais, et termina sa brillante croisière de la mer du Nord en perçant, avec sept bâtiments, trente-trois navires qui lui barraient la route du retour.

René Duguay-Trouin, de Saint-Malo, appartenait à une famille honorablement connue dans la marine marchande. Né en 1673, il avait débuté en 1689 par la guerre de course Commandant en 1694 une frégate, il avait rencontré, près des Sorlingues, six vaisseaux anglais Blessé et pris après une lutte prodigieuse, il s'était évadé, comme Jean Bart et Forbin l'avaient fait cinq ans auparavant, dans une chaloupe, et s'était vengé en ne cessant de capturer, pendant les années 1695 et 1696, des navires anglais ou hollandais. Nous le retrouverons dans la guerre de la succession d'Espagne.

Nous y retrouverons également le provençal Forbin, qui, après avoir débuté sous Valbelle, été pris en 1689 avec Jean Bart, avait assisté aux affaires de Béveziers, de la Hougue et de Lagos, et enfin s'était distingué dans une foule de combats de navire à navire. Vers la même époque, le béarnais Ducasse, gouverneur de Saint-Domingue, à la tête des flibustiers de cette île, dévastait la Jamaïque et les Antilles espagnoles; le marquis de Nesmond, un bordelais, faisait pour dix millions de prises sur les Hollandais en un seul coup de main; le canadien Lemoyne d'Iberville chassait les Anglais de la baie d'Hudson; enfin, le baron de Pointis, avec une dizaine de bâtiments, auxquels se joignirent les flibustiers de Ducasse, emportait d'assaut en 1697 Carthagène des Indes, le riche entrepôt du Pérou avec l'Espagne, et revenait à Brest avec plus de vingt millions, après avoir percé à Ouessant une escadre anglaise de vingt-sept navires.

En 1697, les alliés finirent par poser les armes de lassitude. La prise de Barcelone, qui, bloqué par terre et par mer, se rendit à Vendôme et à d'Estrées, décida la paix, qui fut signée au château de Ryswick, près la Haye. Les colonies furent restituées de part et d'autre, sauf la baie d'Hudson qui resta à la France; Louis XIV, de son côté, rendit toutes les conquêtes faites depuis Nimègue, excepté Strasbourg, et reconnut Guillaume. Il évacua même la Lorraine, qu'il occupait depuis 1670. Au fond, c'était être vaincu.

2° *Guerre de Succession d'Espagne* (1701-1714)

Le grand roi n'avait accepté la paix de Ryswick que pour se préparer à une nouvelle guerre de succession beaucoup plus intéressante pour lui : celle de l'Espagne. En effet, le dernier descendant de Charles-Quint, Charles II, qui mourut en 1700, avait choisi définitivement le duc d'Anjou pour son héritier, au préjudice de Charles, second fils de l'empereur Léopold et cousin germain de Philippe d'Anjou. Louis XIV accepta le legs et le péril, dit M. Michelet, car la conséquence immédiate était une guerre européenne, et jeta le défi à la Hollande ainsi qu'à l'Angleterre, en occupant la Belgique ; à l'Angleterre encore, en reconnaissant le chevalier de Saint-Georges, fils de Jacques II ; à toute l'Europe, enfin, en réservant, malgré les clauses formelles du testament de Charles II, les droits du nouveau roi d'Espagne au trône de France.

Une troisième coalition se forma : c'est la grande ligue de la Haye, entre l'Angleterre, la Hollande et l'Empire, dans laquelle entrèrent successivement le Danemark, la Suède, le Piémont, et un peu plus tard le Portugal. Quelques mois après, Guillaume mourut (1702), laissant la couronne à Anne de Danemark, sa belle-sœur. Le stathoudérat fut aboli en Hollande, mais cette république resta l'alliée de l'Angleterre.

Louis XIV avait soixante-quatre ans au commencement de cette nouvelle guerre. Les gloires de la France finissaient peu à peu. Tourville et Jean Bart allaient bientôt s'éteindre (1701 et 1702) ; Vauban et d'Estrées (Jean) devaient les suivre de près (1707). Il est vrai qu'il nous restait encore Catinat, Vendôme et Villars pour les armées du continent, et, en fait de marins, Bernard Renau, Châteaurenault, Victor-Marie d'Estrées, Duguay-Trouin, Cassard, Forbin,

Ducasse, etc. Mais ce qui faisait surtout notre infériorité, c'est que les généraux courtisans de madame de Maintenon commençaient à prévaloir, et qu'au lieu de Colbert et de Louvois, nous avions Jérôme Pontchartrain et Chamillard ; le premier, n'ayant même pas le bon vouloir de son père Louis ; le second, aussi incapable pour les finances que pour la guerre, ministères qu'il cumulait. Sur mer, la France, ayant à lutter contre l'Europe entière, ne pouvait faire des sacrifices suffisants, même pour défendre son littoral.

Au contraire, les alliés avaient, pour remplacer Guillaume III, trois hommes de talent que leur union, cimentée par leur haine commune contre la France, a rendus célèbres. C'étaient : Antoine Heinsius, grand pensionnaire de Hollande, qui dirigea la république jusqu'en 1720 ; John Churchill, duc de Marlborough, le héros de la complainte si populaire chez nous, traître envers Jacques II et cupide favori de la reine Anne, du reste aussi habile négociateur que général et orateur distingué ; le prince Eugène, de la maison de Savoie Carignan qui, dédaigné par Louis XIV, passa au service de Léopold, et fut homme d'État éminent non moins que grand capitaine.

Enfin, la France avait à combattre non-seulement pour elle-même, mais encore pour l'Espagne, qui n'avait ni argent, ni soldats, ni vaisseaux. Aussi, dès le début des hostilités, les alliés détruisirent-ils la flotte des Indes que Châteaurenault venait de conduire dans le port de Vigo, en Galice (1702). L'amiral Rooke débarqua à quelque distance avec des forces écrasantes, s'empara des forts qui n'étaient pas gardés, et, de là, foudroya la flotte française, pendant que ses vingt-cinq vaisseaux bloquaient le port. Châteaurenault, aidé de Bernard Renau, résista jusqu'à la dernière extrémité. Quand il vit tout perdu, il brûla ou échoua lui-même la plupart de ses navires ; mais plusieurs vaisseaux et galions furent pris ou incendiés. Ce fut un vrai désastre pour les deux marines française et espagnole, que ne purent faire oublier ni les succès qu'obtint Ducasse contre la flotte anglaise de l'amiral Bembow, qui, devant Saint-Domingue, fut battu pendant trois jours et obligé de revenir en Angleterre, ni les ravages de Duguay-Trouin, qui recommença la guerre de course avec le même bonheur que précédemment.

Deux ans plus tard (1704), le même amiral Rooke, après s'être présenté vainement devant Barcelone, enleva Gibraltar par un hardi coup de main. Ce promontoire de l'entrée orientale du détroit, forteresse inaccessible par mer, n'avait, en raison même de sa force naturelle, qu'une centaine d'hommes de garnison. La flotte anglo-batave, composée de vingt et un vaisseaux, fit taire, par quinze mille coups de canon, les batteries du môle ; les chaloupes y opérèrent une descente, et la garnison capitula au bout de trois jours. L'Angleterre garda pour elle cette conquête qui lui donnait la clef du détroit, et elle ne s'en est pas encore dessaisie.

La flotte française parut sur les côtes d'Andalousie quelques jours trop tard. Elle était commandée par le comte de Toulouse, amiral de France « l'honneur, la vertu, la droiture, l'équité même, » dit Saint-Simon. Elle rencontra l'ennemi à la hauteur de Velez-Malaga, petit port situé à quelque distance de la grande ville du même nom. Les alliés, ayant le dessus du vent, qui soufflait du nord-est, prirent l'offensive. Malgré le dire de l'ennemi, ils étaient supérieurs aux

Français ; aussi l'action fut-elle opiniâtre. On combattit toute la journée : beaucoup de navires des deux côtés furent avariés ; les Anglo-Hollandais n'en perdirent pas moins de trois ; les Français n'en eurent pas un seul à regretter. Le lendemain, jour de la Saint-Louis, le vent tourna en notre faveur. Le comte de Toulouse voulait recommencer la bataille : un marquis d'O, que le roi avait donné comme conseil à son fils en qualité de capitaine de pavillon, s'y opposa. On sut plus tard que Rooke était décidé, en cas d'attaque, à brûler vingt-cinq de ses bâtiments, tant il avait été maltraité. Ainsi, cette grande victoire navale, la dernière du règne de Louis XIV, fut stérile (1).

On essaya cependant d'en profiter pour reconquérir Gibraltar ; mais telle était l'incapacité du général espagnol Villadarias, que Bernard Renau échoua à ce siége, sa dernière entreprise, et que les Anglais ravitaillèrent la place. Pointis, chef de l'escadre de blocus, voulait attendre les vaisseaux de Toulon pour agir. Sommé par le conseil de Castille de revenir devant la place, il obéit. Un coup de vent ayant dispersé ses navires, il fut bloqué avec cinq vaisseaux par toute la flotte ennemie, lutta quatre heures durant, en perdit trois, se fit jour avec les deux autres, s'échoua et se brûla à la côte. Ce fut sa dernière campagne. Le siége fut levé peu de temps après.

Quatre mois plus tard, les Anglais remportèrent un second succès en Espagne. Rooke investit Barcelone avec soixante-dix bâtiments et de nombreuses troupes de débarquement. Ce fut en vain que le comte de

____

(1) H. Martin, *Histoire de France*, t. XIV.

Toulouse pressa l'armement de Toulon. Barcelone, non secouru, se rendit. En 1706 seulement, on essaya de le reprendre. La place était réduite à l'extrémité, quand la flotte des alliés, supérieure en nombre, força le comte à s'éloigner, et débarqua des troupes et des munitions. On fut encore obligé d'abandonner le siége.

En Amérique et dans les mers du Nord, nos corsaires Duguay-Trouin, Forbin, Ducasse et Cassard continuaient à ruiner le commerce des alliés. La plus glorieuse affaire fut le combat du 21 septembre 1707, livré à l'entrée de la Manche, du côté de Brest, par Duguay-Trouin et Forbin. Il s'agissait d'intercepter un convoi anglais qui allait en Espagne porter des troupes à l'archiduc Charles, rival de Philippe V. Cinq vaisseaux, commandés par le commodore Edwards, escortaient ce convoi. Les deux corsaires français avaient chacun une escadre de six bâtiments; mais, par suite d'une fausse manœuvre de Forbin, Duguay-Trouin se trouva seul à engager l'affaire. Elle fut acharnée : les Anglais se défendaient intrépidement, quand l'incendie du *Devonshire*, trois-ponts de quatre-vingt-dix canons et de 1,050 hommes d'équipage, fit cesser le combat. Devant un pareil désastre, il n'y avait plus d'ennemis, et les Français firent de temeraires efforts pour sauver ces malheureux : on ne put recueillir que quelques hommes. Forbin arriva vers la fin du jour et assura la défaite de l'Anglais en lui prenant ou brûlant, outre le convoi, trois vaisseaux.

Sur le continent, les succès avaient été balancés jusqu'en 1706, époque où les victoires de Marlborough à Ramillies, près Waterloo, sur Villeroi, et du prince

Eugène à Turin, sur Tallard, en nous enlevant la Belgique et le Piémont, découvrirent nos frontières de ces deux côtés. La France fut envahie par la Provence et par le nord. Toulon, attaqué par une flotte anglaise que soutenait le duc de Savoie, fut sauvé comme l'avait été Brest en 1694, par le marquis de Langeron, qui coula à moitié les vaisseaux français pour les préserver du bombardement, et par le maréchal de Tessé, qui harcela les Piémontais ; mais en Flandre, la défaite de Vendôme à Oudenarde, par le prince Eugène et par Marlborough, amena la prise de Lille (1708). En même temps l'amiral Leake, opérant une descente en Sardaigne, faisait déclarer l'île pour Charles d'Autriche, et de là cinglant vers les Baléares, assaillait Port-Mahon, capitale de Minorque. La ville, très mal défendue, se rendit, et les Anglais s'y installèrent comme à Gibraltar. L'année 1709 fut encore plus terrible : un hiver meurtrier, puis la famine paralysèrent toutes les opérations du service maritime, considérablement ralenties depuis 1704. Louis XIV offrit de nouveau la paix. Repoussé avec dérision par les alliés, qui allèrent jusqu'à lui proposer de chasser son petit-fils avec une armée française, le vieux roi parlait de se rendre à la frontière. Pour la première fois, il eut l'idée de s'adresser à la nation et de la prendre pour juge. Celle-ci répondit à l'appel d'un chef si véritablement grand dans ses revers. Nous fûmes encore battus à Malplaquet, près de Mons ; mais au moins Villars se retirait en bon ordre, n'ayant perdu que huit mille hommes, tandis que Marlborough, très supérieur, en avait sacrifié plus de vingt mille. Au reste, ce fut là le terme de nos défaites. L'année suivante (1710), la victoire remportée

ar Vendôme à Villa-Viciosa, au nord-est de Ma-
rid, rouvrit à Philippe V le chemin de sa capitale.

Pour ne pas traiter moins bien Duguay-Trouin que
Jean Bart, Louis XIV lui avait accordé également
es lettres de noblesse. Celui-ci qui, depuis vingt-
rois ans qu'il guerroyait, avait pris seize vaisseaux
e ligne ou grandes frégates, et plus de trois cents
navires marchands, résolut de reconnaître cette fa-
eur en s'emparant de la capitale actuelle du Brésil.
'était en 1711 : l'année précédente, un capitaine de
aisseau, nommé Duclerc, avait tenté l'entreprise;
mais, n'ayant avec lui que mille hommes, il avait
té fait prisonnier, et, malgré la capitulation, indi-
nement massacré. Duguay-Trouin se chargea de le
enger. L'État épuisé ne pouvait lui donner aucun
ecours : il s'adressa à ses compatriotes, et, grâce à
eur concours, arma seize navires portant deux mille
inq cents hommes de débarquement. Dans l'espace
e dix jours, il força le goulet qui protège la baie de
Rio, détruisit les forts qui défendaient la ville, et
'empara de celle-ci, malgré une division de quatre
aisseaux et de trois frégates portugaises. Une pen-
ion et le grade de chef d'escadre récompensèrent
ette merveilleuse entreprise, qui fut son dernier exploit. Il vécut encore cependant jusqu'en 1736; mais
e règne de Louis XV ne lui fournit plus aucune oc-
asion de se signaler.

Le nantais Cassard, au sujet duquel Duguay-
Trouin disait modestement qu'il eût donné toutes
es actions de sa vie pour une des siennes, se
montra en effet, en 1712, le digne rival du grand
corsaire malouin. Avec trois vaisseaux et cinq bâtiments inférieurs, il se porta à l'archipel du cap Vert

et s'empara du fort de Praya, dans l'île de Santiago
Puis il marcha sur Ribeira-Grande, capitale de l'île
qu'il mit au pillage ; et, de là, gagnant les eaux d
l'Amérique, il alla se réparer à la Martinique. Les fli
bustiers se rappelaient Carthagène : ils vinrent er
foule s'offrir à lui. Ainsi renforcé, Cassard attaqua e
réduisit successivement Montserrat et Antigoa, re
monta avec des chaloupes le Surinam, mit à contri
bution cette colonie hollandaise ; enfin, en 1713, fi
capituler Saint Eustache et Curaçao.

L'avénement de l'archiduc Charles à l'empire rendi
les alliés d'autant plus disposés à traiter qu'ils se rui
naient eux-mêmes depuis longtemps pour ruiner la
France. Ne voulant pas reconstituer l'empire d
Charles-Quint, l'Angleterre cessa de nous combattr
dès 1711 ; et l'heureuse surprise de Villars à Denain
ainsi que la prise de Fribourg et la reprise de Barcelone, décidèrent l'Angleterre, la Hollande et les Etat
secondaires, puis l'empereur, et enfin l'Allemagne, à
faire la paix avec la France. Ce sont les traité
d'Utrecht en Hollande, de Rastadt près Carlsrhue e
de Bade en Suisse (1713-1714). Le petit-fils d
Louis XIV était reconnu, à condition de renoncer à
la couronne de France, et de céder : la Sicile au duc d
Savoie ; la Sardaigne, la Belgique, le Milanais et Na
ples, à l'Autriche ; Gibraltar et Minorque, à l'Angle
terre. Louis XIV cédait à celle ci Saint-Christophe, la
baie d'Hudson, l'Acadie et Terre-Neuve, se réservant
seulement le droit de pêche et de sècherie sur la côt
de l'île. Il s'engageait, en outre, à chasser de France
le chevalier de Saint Georges, à faire raser les fortifi
cations de la ville de Jean Bart, et à combler le por
dans le délai de cinq mois. A ce prix, il conser

it les acquisitions continentales de son règne. Le fait de la cession de Terre-Neuve est grave dans tre histoire maritime ; il marque la première époue de notre décadence coloniale. Un an après ce traité, ui faisait à l'Angleterre de si brillants avantages, ndis qu'il limitait la puissance de la France, proessive depuis les traités de Westphalie, Anne mout, et fut remplacée par Georges de Brunswick-Haovre, arrière-petit-fils de Jacques Ier, par les femmes. e son côté, Louis XIV, qui avait perdu successiveent, à partir de 1711, le dauphin et tous ses petitss, sauf le duc d'Anjou, fut remplacé, en 1715, par n arrière-petit-enfant, qui fut Louis XV. La France déchoir rapidement sous ce prince dégénéré, tandis e l'Angleterre, sous la race si insignifiante des atre Georges (ère géorgienne), acquerra l'empire s mers. C'est à la Déclaration des droits de 1688 e celle-ci en est redevable.

IV

DÉCADENCE DE LA MARINE SOUS LOUIS XV

1º *La Régence et Fleury.—Guerre de l'Election de Pologne*
— Abaissement de la France pendant la Régence. — Com
mencements de la Russie: Pierre le Grand. Prise d'ar
mes contre l'Espagne. — Impulsion donnée au commerc
français par le système de Law. — Diminution de notr
flotte. — Assoupissement de l'Angleterre par Walpole, d
la France par Fleury.— Maurepas, ministre de la marine
impulsion donnée aux sciences. — Guerre de l'Election d
Pologne.

2º *Guerre de Succession d'Autriche.* — Contestation com
merciale entre l'Angleterre et l'Espagne. — Guerre géné
rale. — Commencements de la Prusse: Frédéric le Grand
— Premières hostilités. — Intervention de l'Angleterre. -
Bataille de Toulon ou de la Ciotat. — Prise de Louisbour;
par les Anglais. — Victoires de Maurice de Saxe dans le
Pays-Bas. — La Bourdonnais à l'Ile de France. — Duplei
dans l'Inde. — Divergence entre leurs opinions.—Comba
de Negapatam.— Prise de Madras.— Disgrace de La Bour
donnais. — Dupleix garde Madras. — Défaites de La Jon;
quière et de Létanduère. — Défense de Pondichéry pa
Dupleix. — Traité d'Aix-la-Chapelle. — Suppression de
galères.

3º *Entre les deux guerres de Sept ans.*—Vitalité de la France
— Maurepas remplacé par Rouille. — Succés de Duplei;
dans l'Inde.— Son rappel.— Contestations entre la France
et l'Angleterre en Amérique. — Le droit des gens violé pa
l'Angleterre. — Echec des Anglais sur l'Ohio. — Louis XV
déclare la guerre à l'Angleterre.

4º *Guerre de Sept ans ou coloniale.*—Infériorité navale d
la France. — Victoire de Mahon. — Prise de Minorque. —
La France jetée dans une guerre continentale. — Allianc

le la Russie, de l'Autriche et de la France contre la Prusse
— Arrivée du premier Pitt au ministère. — Disgrace de
Machault et de d'Argenson. — Premiers événements de la
guerre continentale. — Perte du Bengale, de Louisbourg,
le la vallée de l'Ohio et du Sénégal. — Descente des Anglais à Saint-Servan et à Cherbourg; combat de Saint-
Cast. — Perte du pays des Circars — Prise de la Guade-
oupe. — Projet de descente en Angleterre.— Défaite de La
Clue au cap Santa-Maria. — Bataille de M. de Conflans ou
le Quiberon. — Mort du corsaire Thurot. — Perte du Canada et de l'Hindoustan. — Prise de Belle-Ile. — Empri-
sonnement et supplice de Lally. — Pacte de famille. —
Prise de la Martinique. — Traités de Paris et d'Hubertsbourg.
Fin du règne de Louis XV.— Efforts des deux Choiseul
pour réparer les pertes causées pa la guerre coloniale.—
Voyage de circumnavigation de Bougainville. — Héritage
le la Lorraine. — Acquisition de la Corse. — Dernières
années de Louis XV. — Sa mort, 1774.

La régence et Fleury.— Guerre de l'Élection de Pologne (1715-1738)

De 1715 à 1740, la France et l'Angleterre se rap-
prochèrent, alliance perfide, fait observer Saint-Simon,
en ce qu'elle n'avait qu'un but, celui de nous brouil-
ler avec l'Europe; humiliante, en ce que notre pays fut
pendant un quart de siècle l'humble satellite de l'Angleterre. Philippe d'Orléans, régent du royaume au
nom du jeune Louis XV, commença par se lier les
mains, au moyen d'un traité en vertu duquel il chassa
le prétendant, fils de Jacques II, reconnut au roi
Georges Ier le titre de roi de France, prétention puérile
ile qui datait de la guerre de Cent ans, et, chose plus
sérieuse, démolit Mardick que Louis XIV avait choisi
pour remplacer Dunkerque.

A l'époque où la France commençait à descendre

cette pente rapide qui devait aboutir à la Révolution
la race slave sortant de son engourdissement, et ani
mée par les mains despotiques d'un homme de génie
atteignait la Baltique. Pendant tout le moyen âge, l
grand-duché de Moscovie, divisé en plusieurs Etat
féodaux, éclipsé par la brillante et anarchique Polo
gne, asservi pendant deux siècles aux Mongols de l
Horde-d'Or, était resté barbare. Même à la fin du dix
septième siècle, c'est à peine si Louis XIV connaissai
le nom de ce fils d'Alexis, qui devait être Pierr
le Grand. La nature a donné à la Russie une plac
ingrate sur le globe, mais immense. En 1689, lor
de l'abdication d'Ivan, l'empire russe avait déjà l
moitié de son étendue actuelle ; il est vrai que l
quart tout au plus de ce territoire était en Europe, e
que la population n'était que de douze millions d'ha
bitants Pierre résolut « d'habiller en hommes so
troupeau de bêtes. » Armée, finances, justice, indus
trie, commerce, canaux, marine, tout était à créer
tout fut ébauché à la fois. Mais l'Aigle du nord failli
être foudroyé par un météore qui parcourut pendan
neuf ans l'Europe. L'aventurier Charles XII batti
Pierre sur les bords de la Baltique, à Narva (1700)
Celui-ci, sans se décourager, fonda, en face d
Stockholm, dans les marais glacés de la Néva, Saint
Pétersbourg, et prit sa revanche, en 1709, à Pultava
dans le bassin du Dniéper. Grâce à Pierre le Grand
la Russie venait de prendre rang parmi les nation
européennes.

De son côté, Alberoni, qui gouvernait l'Espagn
pour Philippe V, essayait de ranimer « le cadavre d
cette nation. » Profitant des embarras de l'Autrich
menacée par les Turcs, il reprit presque sans coup-

rir la Sardaigne et la Sicile. La France, l'Angle-
rre et la Hollande, puis l'Empire, conclurent une
iple et quadruple alliance contre l'Espagne. Le ca-
net de Saint-James somma la cour de Madrid d'é-
icuer ses conquêtes, et, sur son refus l'amiral
yng, avec vingt-deux vaisseaux, attaqua à l'impro-
ste la flotte espagnole entre le cap Passaro et Syra-
ise, et lui détruisit une quinzaine de navires (1718).
lberoni, pour venger ce désastre, fit soutenir le pré-
ndant par Charles XII, et organisa en France la
onspiration de Cellamare pour enlever le régent. Ses
lans échouèrent partout : l'ambassadeur espagnol
it reconduit à la frontière; Charles XII se fit tuer
n Norwége; une tempête dispersa l'armement donné
Jacques III, et les débris en furent détruits par les
nglais à Vigo; enfin une armée française comman-
ée par Berwick, fils naturel de Jacques II, s'empara
e Saint Sébastien et de Fontarabie, pendant que
os escadres, par ordre de l'Angleterre, brûlaient les
aisseaux et les chantiers espagnols. Quand Char-
es II d'Angleterre se vendait à Louis XIV, son pays
l'en était pas arrivé au degré d'humiliation où se
rouvait la France.

Cette prise d'armes, appelée si justement par Vol-
aire une guerre civile, où le régent défaisait comme à
plaisir l'œuvre de Louis XIV, ne pouvait durer. Pour
aciliter les négociations, Philippe V renvoya Albe-
oni, et le traité de Madrid fut conclu (1720). On fit
ntrevoir à l'Espagne, en dédommagement de sa maine perdue, l'expectative de Parme, de Plaisance et
le la Toscane pour un de ses infants. Quant à la Sar-
laigne, elle fut donnée avec le titre de roi au duc de Savoie, en échange de la Sicile, qui retourna à l'empereur.

A l'intérieur, la France faisait la première épreuve des ressources du crédit. Le système financier de l'Écossais Law, tout en bouleversant l'Europe occidentale, donna une grande impulsion à notre commerce maritime. La compagnie d'Occident, créée en 1717, fonda, sur l'une des bouches du Mississipi, la Nouvelle-Orléans, ainsi nommée en l'honneur du régent. Fusionnée deux ans plus tard avec les compagnies des Indes-Orientales, d'Afrique et de Chine, sous le titre général de compagnie des Indes, elle bâtit en 1724, pour lui servir d'entrepôt, la ville de l'Orient au confluent du Scorf et du Blavet. Par la conquête du territoire de Mahé sur les Indiens, elle assura à la France une position sur la côte du Malabar. Le port de Louisbourg, creusé au sud-est de l'île du cap Breton ou Royale, date aussi de cette époque, ainsi que la cession de Portendick par les Hollandais, l'établissement de Saint-Vincent et la fondation de Port-Louis dans l'Ile de France.

La France n'en continuait pas moins d'être à la remorque de l'Angleterre. Louis XIV, dans ses derniers jours, avait négligé notre marine par impuissance. Le régent la sacrifia par système, et abaissa les dépenses annuelles de vingt cinq à huit millions. De soixante-six vaisseaux de ligne qui restaient en 1715, on descendit à cinquante, chiffre encore illusoire, en ce sens que la plupart de ces bâtiments étaient hors d'état de prendre la mer.

L'Angleterre, à la même époque, avait quatre-vingt-dix vaisseaux de ligne et cinquante grosses frégates pouvant être équipées au premier signal. Seulement, Robert Walpole, qui gouvernait le roi Georges Ier, se proposait de faire vivre le pays en paix, et d'étendre, par la corruption, la prérogative royale pour assurer son propre pouvoir : c'est ce qui explique pourquoi cette période est si vide d'événements militaires. La fondation de la compagnie autrichienne d'Ostende, pour le commerce des Indes, montra cependant de quels yeux jaloux l'Angleterre envisage toute rivalité commerciale. Maîtresse des Pays-Bas depuis le traité de Rastadt, l'Autriche voulait prendre rang parmi les puissances maritimes, ce que ne lui avait pas permis jusque-la son insignifiant littoral au fond de l'Adriatique. L'Angleterre et la Hollande invoquèrent la fermeture de l'Escaut, jadis imposée à l'Espagne, et Charles VI consentit à abolir la compagnie d'Ostende, à condition que sa fille Marie-Thérèse serait reconnue apte à lui succéder. C'est le traité de Vienne, 1731.

En 1727, Georges Ier avait été remplacé par Georges II ; Walpole était resté ministre. En France, le régent était mort dès 1723. Fleury, évêque de Fréjus et précepteur du jeune roi, avait fait nommer pour ministre le duc de Bourbon, qui maria Louis XV avec la fille de l'ex-roi de Pologne, Stanislas Leczinski, créé par Charles XII et détrôné par Pierre le Grand ; puis il l'avait supplanté en 1726 Sous ce ministre, arrivé au pouvoir à soixante-douze ans, la France fut plus que jamais rivée à l'Angleterre. Fleury, économe et honnête d'ailleurs, avait les qualités de l'homme privé plutôt que les talents du ministre. Il voulut la paix à tout prix ; et, dans ce but, il fit à l'Angleterre l'abandon de notre marine.

Un seul homme, par sa position, eût pu amoindrir les conséquences de cette politique funeste : c'était Maurepas, le troisième des Pontchartrain, qui fut mi-

nistre de la marine de 1723 à 1749. Plus intelligen
que son aïeul Louis, et surtout que son père Jérôme,
il était plein d'activité et de bonne volonté ; mais,
faible, il ne sut pas réagir contre l'omnipotence du
premier ministre. Son ministère toutefois ne fut pas
inutile à la marine. Ne pouvant lui donner la gloire
des armes, il lui ouvrit la carrière des sciences. L'art
de la construction fut poussé très loin, et nos ingénieurs devinrent les premiers de l'Europe ; des travaux considérables de géographie et d'hydrographie
furent exécutés.

Malgré son système, Fleury fut entraîné en 1733
dans la guerre de l'Election de Pologne, où Louis XV
ne pouvait guère se dispenser de soutenir son beau-
père. Auguste II, créature des Russes, étant venu à
mourir, Stanislas fut choisi de nouveau par le parti
national polonais. Déjà, à cette époque, l'Autriche, la
Russie et la naissante Prusse étaient d'accord contre
la Pologne. Elles opposèrent à Stanislas le fils d'Auguste II. Le meilleur moyen de soutenir Stanislas
était évidemment d'envoyer par mer une armée en
Pologne. Mais l'Angleterre n'entendait rester neutre
que si l'on renonçait à l'Océan. « Fleury, dit M. Michelet, en fit trop peu pour réussir, assez pour compromettre le nom français. » Chassé de Varsovie par
quatre-vingt mille Moscovites, Stanislas était assiégé
dans le port de Dantzick. On lui envoya trois millions, un vaisseau et quinze cents hommes. Ce n'était
pas même suffisant pour assurer sa retraite ; car il
s'enfuit en France sous un déguisement.

Ne pouvant atteindre les Russes, on résolut de se
venger sur l'empereur. Berwick enleva Kehl, et se fit
tuer devant Philippsbourg, qui se rendit peu après ;

Villars, pour son dernier exploit, conquit le Milanais: ses successeurs battirent les Autrichiens à Parme et à Guastalla ; enfin, les Espagnols, nos alliés, leur enlevèrent Naples et la Sicile. L'Autriche, effrayée, demanda la paix, qui fut conclue à Vienne en 1738. L'Espagne et la France gagnèrent donc à cette guerre, si mal conduite au début : la première, les Deux-Siciles ; la France, la Lorraine, qui fut donnée en viager à Stanislas. La Russie y avait gagné plus encore : la consolidation de son influence en Pologne.

2° *Guerre de Succession d'Au'riche* (1741-1748).

La paix de Vienne ne dura pas plus de trois ans, au bout desquels Fleury fut de nouveau engagé contre l'Autriche. Dès 1739, la guerre avait éclaté entre l'Angleterre, qui voulait s'ouvrir le débouché des colonies espagnoles, et l'Espagne, qui s'était arrogé le droit de visiter, même en haute mer, les navires anglais suspects de contrebande. L'Espagne ayant réclamé le bénéfice de son alliance avec la France, Fleury avait dû lui envoyer quelques secours, tout en protestant à Walpole que son maître n'entendait pas rompre avec l'Angleterre. Sur ces entrefaites, la mort de Charles VI, treizième et dernier mâle de la maison d'Autriche, rendit la guerre universelle (1740).

Aussi inquiet pour sa succession que l'avait été Charles II d'Espagne, en 1700, l'empereur défunt avait fait les plus grands sacrifices pour garantir ses États à sa fille Marie-Thérèse, épouse du duc de Lorraine, François, devenu duc de Toscane depuis le traité de Vienne. A sa mort, ces mêmes puissances qui avaient consenti à signer la pragmatique de Charles VI, furent les premières à prendre les armes contre l'Autriche. La France demandait l'empire pour l'électeur de Bavière ; l'Espagne réclamait la Bohême et la Hongrie ; le roi de Sardaigne, le Milanais ; Frédéric de Prusse, la Silésie.

C'est ici l'occasion de parler de cet Etat tout artificiel et sans barrières, qui étend un de ses bras à Memel, sur la limite russe, l'autre à Sarrelouis, sur la limite française. La Prusse s'était formée en 1618, par la réunion du Brandebourg et de la Prusse propre sous Jean Sigismond, prince de la maison de Hohenzollern, encore régnante. Son troisième successeur, Frédéric III, avait acheté, en 1701, à l'empereur Léopold le titre de roi, et s'était fait couronner sous le nom de Frédéric Ier. Le fils de celui-ci, Frédéric-Guillaume Ier, le *roi-sergent*, ainsi que l'appelait Georges II d'Angleterre, pendant les loisirs d'une longue paix, avec un royaume qui n'avait pas encore trois millions d'âmes, arma jusqu'à soixante seize mille combattants, qu'il choisit parmi les plus beaux hommes qu'il put trouver, et qu'il rompit aux exigences d'une discipline de fer. C'est avec ces ressources et son génie personnel que son fils Frédéric II, qui régna de 1740 à 1786, acquit le titre de Grand en faisant de la Prusse la première puissance militaire du dix-huitième siècle.

Comme Fleury hésitait à se mettre à la tête de la coalition, le roi de Prusse donna le signal des hostilités en s'emparant de la province qu'il convoitait. De son côté, la France envoya une armée en Bohême. Marie-Thérèse était sans alliés en ce moment ; sa cause paraissait désespérée. Mais alors eut lieu une évolution ministérielle en Angleterre. Le pacifique Walpole, qui la gouvernait depuis vingt et un ans, tomba en 1742, et Georges II débarqua sur le continent. Déjà l'Autriche avait été sauvée par le dévouement des Hongrois qui, se soulevant en masse pour Marie-Thérèse, forcèrent les Français d'évacuer la Bohême. De son côté, Frédéric II, content de ce qu'il avait obtenu, avait conclu la paix. Fleury demanda aussi à traiter, fut repoussé dédaigneusement par Marie-Thérèse, et mourut (1743). Peu après, les Français ayant laissé échapper Georges II, à Dettingen, en Bavière, l'Europe se retourna contre la France.

Louis XV conclut alors une alliance offensive et défensive avec l'Espagne, et lança le prétendant Charles-Edouard, petit-fils de Jacques II, contre l'Angleterre. La grande lutte maritime commença par la bataille navale de Toulon ou de la Ciotat (22 février 1744). La flotte anglaise de la Méditerranée, aux ordres du vice-amiral Mathews, et forte de trente vaisseaux de ligne, dont cinq trois-ponts, bloquait dans le port de Toulon la flotte franco-espagnole, qui n'en comptait que vingt-sept, dont quinze français. Les alliés, commandés par le lieutenant-général de Court-la-Bruyère, énergique octogénaire, sortirent de la rade, et livrèrent aux Anglais, à cinq lieues sud-ouest du cap Sicié, une bataille que l'on peut considérer comme indécise, bien qu'ils aient cédé le champ de bataille pour aller se ravitailler dans les ports d'Espagne. En effet, étant les plus faibles, ils ne perdirent pas un seul bâtiment et coulèrent le *Marlborough*.

Cependant Charles VII, le candidat de la France, était mort, et le premier acte de son fils avait été de renoncer aux prétentions paternelles. La guerre n'ayant plus d'objet pour nous, Louis XV proposa de nouveau la paix ; il fut encore repoussé et dut continuer la lutte. Les Anglais échouèrent dans une tentative contre Lorient ; mais ils se dédommagèrent en s'emparant de Louisbourg, point d'appui de la pêche française au Saint-Laurent En Europe, l'Italie fut prise, puis perdue ; le prétendant, définitivement vaincu à Culloden en Écosse, revint en France ; aux Pays-Bas, les Français, commandés par Maurice de Saxe, gagnèrent sur les Anglo-Bataves les trois batailles de Fontenoy, de Raucoux et de Lawfeld. La Hollande effrayée rétablit le stathoudérat.

Vers la même époque, commençaient à se signaler dans la mer des Indes deux grands hommes qui, sans leur rivalité à jamais regrettable, nous eussent donné l'empire de l'Hindoustan. L'un d'eux, le malouin La Bourdonnais, nommé en 1735 gouverneur des Iles de France et de Bourbon, avait créé dans la première des chantiers et des arsenaux, et de la Réunion, qui manque de ports, avait fait une magnifique colonie agricole. L'autre, Dupleix, un flamand d'origine poitevine, entré en 1721 au conseil de Pondichéry, avait d'abord pratiqué le commerce d'*Inde en Inde* ou de cabotage. Appelé en 1730 à la direction du comptoir de Chandernagor, ses opérations s'étaient étendues, et il avait transformé une méchante bourgade en une ville florissante, d'où ses bâtiments partaient incessamment pour sillonner le grand Océan depuis le golfe arabique jusqu'aux ports gardés de la Chine. Devenu enfin, à partir de 1742, gouverneur général des possessions françaises dans l'Inde, Dupleix avait résolu de donner cette immense presqu'île à la France, et s'immisçait dans toutes les affaires intérieures de

'Hindoustan, « pour y saisir ou y faire naître des oc-
casions d'agrandissement. » L'occasion était d'autant
plus favorable que les Anglais étaient alors éclipsés
par nous, et que l'empire Mogol tombait en dissolution.

La Bourdonnais, aussi patriote, mais moins diplomate, n'avait pas de si hautes visées. Tout son plan
consistait à ruiner à coups de canon les colonies anglaises, sans projets préconçus d'agrandissement territorial. Inférieur par l'intelligence politique à Dupleix, il lui était supérieur par les talents militaires
et l'ancienneté des services. Cette opposition entre
les vues de deux hommes énergiques, mais non pas
aussi profonds l'un que l'autre, devait avoir des
conséquences fatales. Colbert les eût employés tous
deux à la grandeur de leur patrie. Les ministres de
madame de Pompadour ne surent que les opposer
l'un à l'autre, pour les sacrifier l'un après l'autre (1).

Ils ne s'accordèrent que sur un point : l'impossibilité de maintenir la neutralité maritime dans l'Inde,
illusion dont s'était bercée la compagnie française,
et que l'Angleterre avait entretenue pour se donner
le temps d'achever ses préparatifs. Comme on refusait à Dupleix des fonds, il termina à ses frais les fortifications de Pondichéry La Bourdonnais, de son
côté, n'était pas moins entravé. Ce ne fut qu'en 1746
qu'il reçut d'Europe un vaisseau et quelques navires
à peine propres au commerce. Il transforme ces faibles
ressources en une escadre de guerre. Une tempête la

(1) Saint-Priest, *la Perle de l'Inde sous Louis XV*, dans
la *Revue des Deux Mondes* de mai 184·. Voir aussi dans la
Revue Britannique de 1863 l'article intitulé : *Dupleix et
l'Inde française.* Enfin l'*Histoire de France* de M. H. Martin, tome XV.

lui désempare. A force d'énergie et d'industrie, il parvient à la radouber dans la baie d'Antongil à Madagascar. Enfin, avec ses neuf bâtiments, il attaque, à la hauteur de Négapatam, la petite escadre du commodore Peyton, et la force à se rabattre sur Ceylan. Arrivé à Pondichéry, il s'y trouva en présence de Dupleix. On avait donné à ces deux hommes, également fiers et absolus, des pouvoirs indépendants et mal déterminés : c'était plus qu'il n'en fallait pour susciter d'inévitables conflits.

Après deux mois perdus en défiances réciproques, La Bourdonnais se décida au siége de Madras; et deux mille soldats débarqués de l'escadre assaillirent cette ville de cent mille âmes. Les Anglais, très mal fortifiés du reste. peu nombreux parmi une masse inerte d'Hindous, s'effrayèrent et se rendirent presque sans résistance. La Bourdonnais promit de rendre la place pour une rançon de dix millions; Dupleix arriva et cassa la capitulation.

La Bourdonnais revint à l'Ile de France. Son successeur David y était déjà installé. Il voulut retourner en Europe pour se justifier, et s'embarqua à Saint-Eustache sur un bâtiment hollandais. Le navire fut obligé de relâcher en Angleterre, où on le reconnut, et où il fut saisi comme prisonnier de guerre. Pendant ce temps, une instruction judiciaire était commencée contre lui à Paris. Il obtint sans peine la permission du gouvernement anglais de rentrer en France sur parole. Aussitôt arrivé, et sans avoir été entendu, il fut jeté à la Bastille (1748). Il y resta quatre ans, au bout desquels on l'acquitta honorablement; mais sa santé avait été ruinée pendant sa captivité, et il mourut en 1753.

Après le départ de La Bourdonnais, le nabab du arnatic, pour prix de son alliance, avait sommé Du-leix de lui remettre Madras, et, sur son refus, avait avoyé dix mille hommes contre les Français. Dupleix battit, garda la ville et regagna le nabab avec de argent. A la même époque, son gouvernement es-ayait coup sur coup deux défaites en Europe, 1747.

La première fut celle du marquis de La Jonquière 4 mai). Nommé en 1746 chef d'escadre et gouver-eur du Canada, il avait été chargé en outre d'escor-er avec deux vaisseaux de guerre et deux frégates n convoi de quarante voiles marchandes. Au mo-ient où il se disposait à appareiller, était arrivé en ide de l'île d'Aix le chevalier de Saint-Georges, hargé d'escorter, avec trois navires du roi, la flotte u Canada et des Indes. Les deux commandants par-rent de conserve le 10 mai; quatre jours plus tard, la hauteur du cap Ortégal, ils rencontrèrent les miraux Anson et Warren avec quatorze vaisseaux de gne. Mettant eux-mêmes en ligne les cinq vais-eaux de la compagnie, ils résistèrent héroïquement vec leurs douze bâtiments; mais ils furent écrasés, t tous les vaisseaux de guerre pris. Néanmoins les nglais étaient tellement maltraités que le convoi chappa à l'ennemi, ainsi qu'un autre que Dubois e la Motte ramenait du Canada.

Cinq mois plus tard, nous perdions une seconde scadre dans les mêmes parages, et de la même ma-ière. Le marquis de Létanduère, chef d'escadre, vait été chargé avec huit vaisseaux de convoyer deux ent cinquante voiles marchandes allant en Améri-que. Il appareilla de l'île d'Aix le 10 octobre. Le 25, deux cents milles nord-ouest du cap Finistère en

Galice, il fut attaqué par l'amiral anglais Hawke à la tête de quinze vaisseaux. L'action dura huit heures. Le *Tonnant*, vaisseau amiral, résista successivement à quatorze navires ennemis, et, à deux reprises, eut à soutenir le feu de cinq vaisseaux à la fois. Entièrement désemparé, hors d'état de se mouvoir, il eût été perdu sans le dévouement du comte de Vaudreuil, commandant de l'*Intrépide*, qui lui donna la remorque et le ramena à Brest, en se frayant un glorieux passage au travers de l'ennemi. Six vaisseaux périrent; cette fois encore, le convoi avait été sauvé, et l'inégalité des forces rendait cette défaite plus glorieuse que bien des victoires.

Maîtres des mers, les Anglais expédièrent dans l'Inde l'amiral Boscawen avec des forces considérables : trente navires dont treize vaisseaux. Renonçant à s'emparer de l'Ile de France, si bien mise en défense par La Bourdonnais, Boscawen, avec de nombreuses troupes de débarquement, investit Pondichéry. Dupleix lui résista avec quatorze cents Français et deux mille cipayes, indiens de caste guerrière qu'il avait dressés à l'européenne. L'ingénieur Paradis ayant été tué au début du siége, il se fit lui-même ingénieur et dirigea en personne la défense. Elle fut couronnée de succès, et la mousson obligea l'ennemi à la retraite (18 octobre 1748).

Ce jour là-même, Louis XV traitait à Aix-la-Chapelle, et par conséquent ignorait encore la belle résistance de Pondichéry; ce qui n'empêche pas que sur tous les autres points il eût pu obtenir de meilleures conditions. La France et l'Angleterre se rendaient mutuellement leurs conquêtes, c'est-à-dire, la première, Madras; la seconde, Louisbourg; mais les limites de

'Acadie et du Canada ne furent pas fixées, et rien ne ut statué au sujet des droits respectifs des deux compagnies, double occasion pour une nouvelle guerre. Sur le continent, Louis XV rendit les Pays-Bas, et conserva les fortifications de Dunkerque du côté de la terre ; il dut détruire celles de mer, et s'engager à chasser le prétendant Charles-Edouard. L'Espagne obtint Parme, Plaisance et Guastalla pour l'infant don Philippe. Enfin la Silésie fut assurée à Fédéric le Prusse, et la pragmatique de Charles VI fut reconnue. De tous les traités de l'histoire, c'est peut-être le plus illogique qui jamais ait été conclu. La France sortait seule amoindrie de cette guerre, qui avait révélé la force militaire de la Prusse, et donné aux Anglais une supériorité définitive sur l'Océan. Louis XV n'en fit pas moins frapper une médaille où on lisait : « La paix d'Aix-la-Chapelle, salut du genre humain. »

Cette même année (1748), Maurepas supprima la charge de général des galères, dont le corps avait été créé en 1410, et dont le chef avait rang de grand officier de la couronne. On avait fini, dit Vial Duclairbois dans son *Dictionnaire encyclopédique de marine*, par trouver ce genre de bâtiment incommode, coûteux, et de ressources presque nulles pour la guerre. On peut dire pourtant qu'elles étaient propres aux débarquements, à cause de leur peu de tirant d'eau, et qu'elles servaient dans les batailles à remorquer les navires en mauvais état. Du reste, malgré la suppression, on en conserva quelques-unes à Marseille et à Toulon jusqu'à la fin du dix-huitième siècle.

3° *Entre les deux guerres de Sept ans (1748-1756.)*

« L'Europe entière ne vit guère luire de plus beaux jours que depuis la paix d'Aix-la-Chapelle jusque vers l'an 1755; elle ressemblait à une grande famille réunie après ses différends. » Nous ne devons accepter qu'avec réserve, au moins pour ce qui concerne la France, cet optimisme de Voltaire. Ce qu'il y a de vrai, c'est qu'en effet notre pays reprit le mouvement commercial suspendu par la dernière guerre maritime, et que la France de Louis XV exécuta spontanément les plans de Colbert et de Law, démentant ainsi ce soi-disant axiome émis par Sully, contesté par Henri IV, que nous n'avons jamais su coloniser. Mais il eût fallu, pour protéger notre commerce, cette belle marine de guerre qui malheureusement n'avait été qu'une arme offensive entre les mains de Louis XIV, et que Louis XV ne s'appliqua pas à rétablir, pour s'en faire une défense.

Loin d'y songer, il disgrâcia Maurepas pour avoir fait une chanson contre madame de Pompadour (1749). C'était un des travers de ce ministre, auquel on reproche d'avoir fait, même aux réformes nécessaires, une guerre de bons mots et d'épigrammes, comme aussi d'avoir négligé la discipline. Cependant, pour être juste, il faut aussi lui tenir compte de ce qu'il a fait avec si peu de moyens. Maurepas fut remplacé par Rouillé, d'une ancienne famille de robe, esprit patriotique, qui continua les études scientifiques, et fonda en 1752 l'Académie de la marine à Brest.

A l'extérieur, malgré la paix d'Aix-la-Chapelle, la

.utte continuait de fait entre la France et l'Angleterre, pour leurs colonies dans les deux Indes. Forcé
de rendre Madras, Dupleix n'avait pas renoncé pour
cela à ses projets de conquête, et il était parvenu à
se faire céder par les indigènes une partie du Carnatic, ainsi que les côtes de Circars et d'Orissa, acquisitions qui nous donnaient un empire de trente millions d'hommes, et ouvraient deux cents lieues de
littoral à notre commerce, avec Mazulipatam, la ville
des mousselines et des toiles peintes, pour capitale.
Un pareil succès était tellement merveilleux qu'il parut invraisemblable, et Voltaire lui-même, tout en
parlant de Dupleix en termes honorables, ajoutait peu
de foi à la réalité de ses conquêtes. Louis XV et la
Compagnie, qui ne savaient « faire ni la paix, ni la
guerre » en étaient embarrassés. Aussi, au premier
revers, *M.M. de Pondichéry*, sordides boutiquiers
qui ne demandaient que des dividendes, et non des
royaumes, en profitèrent pour accuser l'ambition de
Dupleix, et l'Angleterre, qui avait tout lieu de redou-
ter le génie entreprenant de ce grand homme, menaça
de recommencer la guerre si Dupleix n'était pas rappelé. Louis XV céda, et Godeheu, successeur de Dupleix, abandonna aux Anglais le Carnatic, et renonça
au Dekhan, 1754.

Quel dut être le désespoir de ce génie méconnu,
forcé de quitter la péninsule où il régnait depuis
trente années, conquête splendide que l'ineptie de son
gouvernement laissait à l'Angleterre. Rentré en
France, il ne put même pas obtenir la restitution des
dix-sept millions qu'il avait avancés pour les dépenses de la guerre, et il mourut vers la fin de 1764, un
an après le déplorable traité de Paris. Sa grande er-

reur avait été de ne pas voir la démoralisation et la défaillance de la France à son époque (1).

Au moment même où Louis XV sacrifiait à son amour immodéré pour la paix toutes nos chances d'avenir colonial dans l'Inde, il était injustement attaqué sur trois points à la fois en Amérique. P usieurs Antilles, telles que la Dominique, Sainte-Lucie, Saint-Vincent et Tabago, étaient depuis un siècle communes et indivises entre la France et l'Angleterre : cela datait du temps des flibustiers. Georges II s'en déclara souverain unique en 1754. L'Acadie, cédée aux Anglais par le traité d'Utrecht, est une presqu'île dont la limite est naturellement déterminée par son isthme. Les Anglais prétendirent l'étendre jusqu'au Saint-Laurent pour se donner la navigation de ce fleuve magnifique. En attendant la prise de possession de cette contrée, ils dépouillèrent totalement les Acadiens restés catholiques et attachés à la France, et plus tard les dé ortèrent en masse. Enfin les Français avaient établi tout le long de l'Ohio une ligne de postes, pour unir le Canada à la Louisiane. Le gouvernement britannique prétendit que l'Ohio appartenait à ses colonies d'Amérique, et en chassa les Français. Jumonville, officier envoyé pour demander des explications, fut tué avec son escorte par des soldats anglais que comman-

(1) Après l'oubli, la réparation est enfin venue pour Dupleix : son nom a été donné depuis peu à une corvette à hélice de la flotte. Nous espérons que M. P. Margry, qui est parvenu à élever un monument en l'honneur d'Esnambuc, le fondateur de la colonisation française aux Antilles, et qui prépare une biographie complète de Dupleix, obtiendra également un souvenir moins périssable que celui d'un nom de navire, pour le grand homme qui n'a encore son buste que dans le palais des gouverneurs du Bengale.

lait un homme devenu autrement célèbre, Washington.

Il fallut bien songer à mettre en défense le Canada. Rouillé expédia une escadre portant quelques troupes et le nouveau gouverneur Vaudreuil; elle se composait de quatorze vaisseaux et de deux frégates, armés en flûte pour la presque totalité. De son côté, le gouvernement anglais avait envoyé quatre corps d'armée, et expédié Boscawen, avec dix-huit vaisseaux. Celui-ci se posta aux attérages de Terre-Neuve. Il y rencontra bientôt les Français, affaiblis de près de moitié par six vaisseaux détachés pour Louisbourg; et, bien qu'on fût en pleine paix, il les attaqua. Dubois de la Motte et le gros de l'escadre échappèrent, grâce à un épais brouillard; mais deux navires de 64, dont l'un n'était qu'en partie armé, l'*Alcide* et le *Lys*, commandants Hocquart et de Lorgerie, furent enlevés, non sans une vive résistance. En même temps, les corsaires anglais se lancèrent sur toutes les mers, et en quelques mois, trois cents de nos bâtiments de commerce, qui naviguaient sur la foi des traités, furent capturés. Ce n'était certes pas le premier exemple de déloyale surprise donné par l'Angleterre; mais on n'avait rien vu de comparable jusque-là à cette monstrueuse *razzia* qui priva la marine française de plus de six mille matelots (1).

(1) Tandis que la cour de Versailles était comme plongée dans la stupeur, dit M. Roux dans son *Histoire du bailly de Suffren*, un simple negociant marseillais, Georges de Roux, furieux de ce que les Anglais lui avaient enleve huit navires, lança un manifeste contre l'Angleterre, et arma jusqu'à dix-sept vaisseaux, en transformant au fur et à mesure en corsaires les batiments qu'il capturait. Malheureusement ce nouvel Ango finit par être accablé par les forces régulières qu'on envoya contre lui.

Cet acte odieux, qualifié par eux de malentendu, mais qu'ils se gardèrent bien de réparer, même après la paix, ne les empêcha pas d'être battus au début, sur presque tous les points. Des quatre corps chargés d'envahir le Canada. le premier réussit à expulser les colons voisins de l'Acadie; mais le second fut battu, le troisième ne fit rien, et le quatrième, qui devait enlever les forts de l'Ohio, fut surpris dans les bois par les défenseurs du fort Duquesne, et massacré avec son général Braddock, 1755.

Poussant la modération jusqu'à la faiblesse, le cabinet de Versailles renvoya un bâtiment anglais pris par un français qu'il avait attaqué. Le cabinet de Saint-James répondit à ce procédé chevaleresque, en nous enlevant encore, près du banc de Terre-Neuve, trois vaisseaux, dont un, l'*Espérance*, commandant Bouville, bien qu'armé en flûte, se défendit pendant cinq heures contre l'*Oxford*, vaisseau de 74, soutenu par toute une escadre (1). Louis XV, résigné enfin à considérer comme un fait la guerre qu'on lui faisait depuis deux ans, bannit les sujets de l'Angleterre de son territoire, mit l'embargo sur les navires ennemis, et lança de tous côtés ses corsaires.

(1) Les Anglais furent obligés de brûler leur prise en pleine mer, et l'*Oxford* était sur le point de couler quand il rentra à Plymouth. Le commandant de l'*Espérance* soutint dans sa captivité le noble caractère qu'il avait montré pendant le combat. Il refusa la liberté qu'on lui offrait, alléguant qu'il était tombé au pouvoir de pirates, et proposa avec hauteur sa rançon. Enfin il distribua à ses compagnons d'infortune 6,000 livres que le ministère français lui avait fait tenir.

4° *Guerre de Sept ans ou coloniale* (1756-1763).

La France n'avait pas trop de toutes ses ressources pour soutenir la lutte avec honneur. Rouillé, et après lui Machault, passé en 1754 des finances à la marine, avaient augmenté la flotte, autant qu'ils l'avaient pu, avec les faibles moyens dont ils disposaient, mais dans des proportions par trop insuffisantes, comparativement à l'Angleterre qui n'avait cessé d'augmenter ses forces navales. Celle-ci avait à cette époque cent vaisseaux et soixante-quatorze frégates : nous, trente et une frégates et soixante vaisseaux, dont les trois-quarts seulement étaient à peu près en état de prendre la mer, sans réparations.

Et pourtant le début des hostilités fut encore des plus brillants pour la France. Une escadre de douze vaisseaux, commandée par La Galissonnière, partit de Toulon, escortant cent cinquante transports chargés de douze mille hommes aux ordres du maréchal de Richelieu. Elle descendit à Minorque, et l'armée de débarquement investit Port-Mahon. Une flotte anglaise de treize vaisseaux, commandée par l'amiral Byng, arriva au secours de la place. Elle croyait « n'avoir que la peine de souffler sur l'eau pour faire disparaître la flotte française. » Elle fut repoussée (20 mai 1756). la place emportée d'assaut, et l'île perdue pour les Anglais.

Malheureusement La Galissonnière, qui était mourant avant son départ de Toulon, s'éteignit au retour, sur la route de Paris, et, chose bien plus grave, la France, qui avait besoin de maintenir la paix en Europe, fut jetée dans une guerre continentale. Les

Français, disait Pitt, nous disputent l'Amérique; il faut la leur prendre en Allémagne. L'Angleterre n'y réussit que trop bien, non pas tant par ses propres intrigues que par suite de la vanité d'une courtisane qui disposait du sort de la France, et le traité de Versailles unit la France, l'Autriche et la Russie contre la Prusse, c'est-à-dire contre un souverain qui maintenait l'équilibre de l'Allemagne, 1er mai 1756.

Peu après, Georges II prenait pour ministre de la guerre un homme que son habileté incontestable, et sa haine toute spartiate contre la France doivent nous faire admirer et haïr tout ensemble : c'est lord Chatham, plus connu sous les noms de William Pitt, qui sont aussi ceux de son second fils. Le premier soin du ministère fut de faire un exemple, « pour infuser dans la tête des marins un véritable esprit anglais, » dit Voltaire. Le vaincu de Minorque, le fils du vainqueur de Syracuse, l'infortuné Byng, déclaré par une cour martiale coupable « d'erreur de jugement, » fut arquebusé sur son bord, 14 mars 1757.

Louis XV, de son côté, se débarrassa la même année de ses deux ministres de la marine et de la guerre. Cependant Machault, aussi bien que Rouillé et Maurepas, avait eu le talent de faire beaucoup avec une marine très inférieure, et de plus c'était le seul homme assez impartial pour réprimer le détestable esprit par lequel les officiers de marine nobles n'avaient que d'injurieux dédains pour les officiers de port, qui n'étaient pas *de qualité*. Mais il avait voulu profiter de l'attentat de Damiens pour renverser la favorite, et d'Argenson, dans la même circonstance, avait montré trop d'empressement auprès du dauphin. Leurs successurs, jusqu'aux Choiseul, sont des nullités qui n'ont que trop justifié nos désastres.

« Ce fut une merveille, dit M. Michelet, de voir dans cette guerre l'imperceptible Prusse, entre les masses de l'Autriche, de la France et de la Russie, courir de l'une à l'autre, et faire face de tous côtés. » Le tacticien seul peut suivre Frédéric dans cette série de belles et savantes batailles. Il commença par envahir la Saxe, dont il incorpora l'armée dans la sienne. Puis il frappa un grand coup en Bohême : c'est la sanglante bataille de Prague. Abandonné de l'armée anglaise, qui, vaincue à Hastenbeck, en Hanovre, par d'Estrées, capitula à Closterseven, et menacé par les Russes, il passa en Saxe où, entouré par les Français et les impériaux, il demanda la paix. L'incapacité de Soubise lui valut l'éclatante victoire de Rosbach, renouvelée en 1758, à Crevelt, en 1759 à Minden en Westphalie. Ensuite, épuisé par ses succès mêmes, il resta pendant quelque temps sur la défensive.

Sur mer, les Anglais furent d'abord repoussés de Rochefort ainsi que de Louisbourg, et battus au Canada. Malgré ces succès d'autant plus consolants que nous venions de perdre sur le continent jusqu'à notre vieille renommée militaire, on négligea nos colonies. Et pourtant on pouvait encore, en 1757, reprendre les plans de Dupleix. En effet, le souverain mogol du Bengale venait de prendre d'assaut Calcutta, et de chasser les Anglais du Gange. Il invoquait le secours de la France. Il ne s'agissait que d'envoyer quelques milliers d'hommes à l'ancien lieutenant de Dupleix, au marquis de Bussy-Castelnau, qui, pendant près de quarante ans, a immortalisé le nom français dans l'Inde. La compagnie française répondit à l'appel du soubhadar, en convenant avec lord Clive de s'interdire toute hostilité au Bengale. Cette niaiserie, la même que celle qui avait été commise douze ans auparavant, demandait une bonne leçon. Lord Clive se chargea de l'infliger. Après avoir forcé à la paix le souverain indien, il se retourna contre Chandernagor, qu'il écrasa d'autant plus facilement que la place n'était nullement préparée à la défense, et chassa les Français du Bengale. De ce jour-là, les Anglais ont pu se dire les rois de l'Inde.

Pitt envoya alors des forces considérables au Canada et arma les colonies d'Amérique. Les Canadiens de leur côté demandèrent à peu près inutilement des secours à la mère-patrie. Boscawen attaqua Louisbourg avec vingt-quatre vaisseaux et dix-huit frégates, convoyant près de seize mille hommes de débarquement. L'île entière ne put lui opposer que six mille soldats, six vaisseaux et cinq frégates. En vain le gouverneur Drucourt, pour rendre le port inabordable, coula à son entrée un vaisseau et trois autres bâtiments, ce qui permit au reste de contribuer à la défense de la place. L'escadre française fut incendiée dans le port, et la garnison dut capituler.

Le Canada avait été assailli, du même coup, avec des forces si supérieures qu'il semblait que tout le golfe Saint-Laurent dût appartenir aux Anglais dans une seule campagne. Mais le marquis de Montcalm, retranché au fort Carillon, entre les lacs Champlain et Saint-Sacrement, y tint tête, avec moins de quatre mille combattants, contre quinze mille ennemis commandés par le général Abercromby. Ce succès n'empêcha pas la ligne de l'Ohio d'être perdue. Les Anglais détruisirent sur le lac Ontario le fort Frontenac (aujourd'hui Kingston), et quant au fort Du-

quesne, maintenant remplacé par la ville de Pitts-
burg, il dut être brûlé par ses défenseurs, faute de
forces suffisantes.

Cette même année (1758), les Anglais nous chas-
sèrent du Sénégal. Saint-Louis, qui commande l'embouchure du fleuve dans une île, fut pris au mois
d'avril. Une première attaque dirigée contre Gorée
échoua ; une seconde, renouvelée avec des forces supérieures contre une colonie sans défense, devait
réussir. Ainsi furent perdus des comptoirs qui déjà
à cette époque remontaient à plus de mille kilomètres dans l'intérieur des terres.

Louis XV ne s'inquiétait guère de ces désastres
lointains. Un danger plus pressant réclamait son at-
tention : la France elle-même était envahie. Une
flotte anglaise considérable, commandée par l'amiral
Anson, avait débarqué près de vingt mille hommes
dans la baie de Cancale. Cette armée n'osant s'attaquer à Saint-Malo, se contenta de brûler les navires
de Saint-Servan, puis se dirigea sur Cherbourg. On
avait fait du temps de Fleury quelques travaux de
défense restés inachevés. Les Anglais, dirigés par
Howe, qui venait de remplacer Anson, démolirent
les forts, bouleversèrent le port de commerce, et brûlèrent vingt-sept bâtiments marchands. Une troisième
descente leur coûta cher. Ils s'étaient portés de
nouveau du côté de Saint-Malo. Repoussés de cette
ville, ils furent coupés dans leur retraite par le duc
d'Aiguillon, et taillés en pièces comme ils se rem-
barquaient, dans la baie de Saint-Cast, entre Saint-
Malo et le cap Fréhel. Ils y perdirent trois mille
hommes. La colonne commémorative de ce combat, qui a été inaugurée un siècle plus tard, jour

pour jour, en rappelle la date : c'est le 11 septembre 1758.

Dans l'Inde, on s'était décidé à envoyer comme
gouverneur le fils d'un réfugié irlandais, le comte de
Lally-Tollendal, brave officier, mais violent et peu ca-
pable. Il commença par mettre le siége devant Goudelour, au sud de Pondichéry, pendant que l'escadre
qui l'avait amené, commandée par d'Aché, livrait
à l'amiral Pocock un premier combat naval qui se
termina à notre avantage. Le fort, abandonné des Anglais, se rendit. Malheureusement Lally ne tarda pas
à compromettre son succès en pillant les pagodes in-
diennes, et en se faisant détester des Français eux-
mêmes par ses emportements et son arrogance. Bien
qu'abandonné par d'Aché qui, après un second combat naval indécis avec Pocock, se déclara hors d'état
de seconder le siége de Madras, il investit cette ville.
La partie occupée par les noirs se rendit assez facilement; mais la ville blanche ou fort Saint-Georges résista
opiniâtrément pendant deux mois, et fut sauvée par
une escadre britannique. Les Anglais en profitèrent
pour envahir la côte d'Orissa, firent capituler le
marquis de Conflans dans Mazulipatam, et s'emparèrent de tout le pays des Circars (1759).

Le cabinet de Versailles s'abandonnait lui-même
dans la lutte, et la chute successive de nos établissements coloniaux le laissait comme engourdi, sinon
indifférent. Aux Antilles, l'avantage était resté jusque-
là aux corsaires français ; mais, en 1759, les Anglais
y envoyèrent des forces régulières considérables.
Vaillamment repoussés de la Martinique, ils se dédommagèrent aux dépens de la Guadeloupe. L'île résista opiniâtrement pendant trois mois ; à la fin, ne

recevant aucun secours de la métropole, elle dut capituler (21 avril).

. Cependant Choiseul, arrivé au ministère des affaires étrangères en 1758, en remplacement du cardinal de Bernis, avait décidé Louis XV à attaquer, à son tour, l'Angleterre chez elle. De grands armements se préparèrent. Les trois escadres de Brest, Lorient et Rochefort devaient se séunir à une flotte sortie de Toulon, pendant qu'une quatrième escadre, formée de corsaires, et partant de Dunkerque, inquiéterait les côtes d'Ecôsse et d'Irlande. Des bateaux plats, construits en grande partie au Havre sur les plans de l'ingénieur Groignard, iraient prendre à Dunkerque et dans le Morbihan quarante mille hommes de débarquement, commandés par le maréchal de Soubise, celui-là même qui s'était fait battre à Rosbach. Le commandement des trois escadres de l'Océan était dévolu au comte de Conflans, qu'on éleva au grade de maréchal de France ; celui de la flotte de Toulon, à M. de La Clue. Quant à l'escadre de Dunkerque, elle était confiée à Thurot, intrépide marin bourguignon, devenu la terreur du commerce anglais.

L'Angleterre mit en mer cinq flottes pour repousser cette invasion, fortifia ses côtes, arma ses milices, et, allant au-devant de l'ennemi, bombarda le Havre. La flotte de La Clue, soit mauvaise manœuvre, soit indiscipline, se dispersa en passant le détroit de Gibraltar. Sept vaisseaux seulement se rallièrent et furent attaqués par les quatorze de Boscawen, à la hauteur de la pointe Santa-Maria, au sud du cap Saint-Vincent. La journée du 17 août ne fut qu'une fuite où quelques coups de canon à peine furent échangés. La plupart des vaisseaux ne songèrent pas à disputer une défaite d'ailleurs inévitable. Un seul soutint héroïquement la lutte : ce fut le *Centaure*, commandant de abran, qui arrêta, quatre heures durant, toute .l'escadre anglaise, et ne se rendit qu'à la dernière extrémité. Le lendemain (18), La Clue n'avait plus que quatre vaisseaux, deux ayant réussi à faire retraite sur Lisbonne, d'où ils regagnèrent Brest. Obligés de s'échouer sur la côte des Algarves, ils furent pris ou brûlés par les Anglais, sous le canon des forts portugais. L'opinion blâma vivement les mauvaises dispositions de La Clue qui, dès le début de l'action, avait cessé, du reste, de commander, ayant eu une jambe fracassée par un boulet.

La réunion des escadres ne pouvant plus avoir lieu, il fut décidé que M. de Conflans agirait seul. La flotte de l'Océan, forte de vingt et un vaisseaux, sortit donc trois mois plus tard, à la faveur d'un coup de vent qui écarta la flotte de l'amiral Hawke croisant devant Brest. Elle allait dégager l'armée de débarquement du Morbihan, que le commodore Duff gardait à vue avec huit vaisseaux. Les vingt-trois de Hawke, se joignant à ceux de Duff, l'atteignirent à la hauteur de Belle-Ile, en face la petite presqu'île de Quiberon. Conflans, qui s'était distingué avec éclat jusqu'à cette année fatale, perdit la tête en cette circonstance. Au lieu de recevoir de front le choc, il voulut l'éviter en passant à travers les écueils appelés *les Cardinaux* ; et, en effet, menacé à la fois d'un combat inégal et d'un naufrage sous le vent de l'île, c'était le parti le moins désavantageux, sinon le plus honorable. Mais ses vaisseaux, ballotés par une mer en furie, à l'embouchure de la Vilaine, se brisèrent les uns contre les autres en fuyant l'ennemi. Hawke, qui avait le vent pour lui, pour-

ivit audacieusement les Français, au risque de se
rdre avec eux sur les bas-fonds du littoral. En vain
 chef de l'arrière-garde française, Saint-André du
erger, se fit-il écraser avec le *Formidable*, et son
re après lui, pour arrêter l'ennemi : ce fut le seul
vire pris, tous les autres ayant pu échapper aux
nglais. Le *Superbe*, commandant Montalais, coula,
 pavillon haut. Kersaint, commandant du *Thésée*,
ant négligé, dans un virement de bord, de faire
rmer les sabords de sa batterie basse, fut englouti
ec six cents hommes de son équipage. La nuit vint
iler notre honte : seule, la tempête continuait de
onder. Au point du jour, Conflans échoua et brûla le
leil-Royal, vaisseau amiral, et un second bâtiment
ns l'anse du Croisic. Les autres navires s'échouèrent
ns la Vilaine, ou se réfugièrent à Rochefort. L'in-
gnation générale flétrit du nom de bataille de **M.** de
nflans cette fuite sans combat, où, pour la première
is, un amiral manquait à l'honneur de la France.
ais, pour être juste, il faut faire la part de l'aban-
n du gouvernement, du relâchement des institu-
ons, et de la conscience que nous avions alors de
otre infériorité maritime.
 Cependant Thurot, sorti de Dunkerque, s'était di-
igé vers les côtes de la Hollande et du Jutland, et
tait entré dans le Cattégat, où un coup de vent l'avait
paré de la moitié de ses bâtiments. Il n'en continua
as moins sa route, même après avoir appris l'issue
e la bataille de Quiberon, jeta la terreur en Ecosse,
ébarqua en janvier 1760 dans la baie de Carrick-
ergus, petit port situé au nord-est de l'Irlande, et
ançonna la ville dont il détruisit les fortifications. A
 hauteur de Man, il fut attaqué par trois frégates

anglaises, plus fortes que les trois siennes. Encombré de ses prisonniers, et maltraité d'ailleurs par la tempête, il essaya de fuir. Forcé de combattre, il se défendit à outrance, et fut mortellement atteint par un biscayen. Son équipage, découragé, amena pavillon.

Au Canada, Montcalm, également abandonné, en mésintelligence avec le gouverneur de la colonie, M. de Vaudreuil, devait finir par succomber. En juin 1759, vingt vaisseaux de ligne, commandés par l'amiral Saunders et escortant un convoi de dix mille soldats sous les ordres du général Wolf, partirent de Louisbourg, et remontèrent le Saint-Laurent jusqu'à Québec, pendant que trois autres corps d'armée envahissaient la colonie par terre. Cela faisait en tout cinquante mille hommes de troupe contre cinq mille soldats et quinze mille habitants en état de porter les armes. Le gros de l'armée française se concentra à Québec, et essaya en vain d'incendier la flotte ennemie qui, de son côté, écrasa la ville de ses bombes. Montcalm, pour la sauver, n'hésita pas à livrer bataille : il fut blessé à mort, et les Français repoussés vers la ville. Wolf, lui aussi, avait été frappé mortellement. Québec capitula (18 septembre 1759). Le reste du pays, commandé par le chevalier de Lévis, digne continuateur de Montcalm, prolongea la lutte pendant près d'un an. Enfin, le 8 septembre 1760, Montréal, place à peu près sans défense, fut obligé de se rendre. Le Canada était irrévocablement perdu. Le gouvernement de Louis XV s'en consola, en disant que c'était une charge de moins pour le Trésor.

Dans l'Inde, l'issue de la lutte, concentrée en 1760 dans le Carnatic, ne pouvait être longtemps douteuse.

., comme partout, les Anglais avaient reçu de puis-
nts renforts. Au contraire, l'escadre du comte
Aché, qui avait reparu, en septembre 1759, sur la
te de Coromandel, et y avait livré à Pocock un
oisième combat naval sans résultat, ne revint plus,
ant reçu l'ordre de défendre avant tout les Masca-
ignes. Pondichéry fut bloqué par terre et par mer
18 mars 1760. Après une défense héroïque qui se
olongea pendant dix mois entiers, n'ayant plus que
pt cents hommes contre vingt-deux mille, sans un
ul bâtiment contre quatorze vaisseaux de ligne,
ns munitions et sans vivres, Lally se rendit à dis-
étion (14 janvier 1761). La ville fut rasée, et les
inqueurs ne laissèrent debout que les cabanes in-
ennes. Les dernières places que possédait la France
ns l'Inde se rendirent successivement, et avant la
n de l'année il n'y avait plus un seul Français dans
i Péninsule.

Peu de temps après, la France elle-même était en-
imée. Une escadre anglaise, commandée par Keppel,
ébarqua douze mille soldats à Belle-Ile (avril 1762).
as un vaisseau ne vint défendre ce poste, qui est à
euf milles des côtes de Bretagne. Le portefeuille de
a marine était alors entre les mains d'un certain
lerryer, qui disait que la France devait se borner à
tre puissance continentale, et qui, pour mettre d'ac-
ord sa conduite avec ses paroles, vendit aux enchè-
es les approvisionnements de nos arsenaux. Un brave
orsaire morlaisien, Cornic-Duchêne, proposa au duc
l'Aiguillon d'incendier la flotte anglaise avec des
orûlots dirigés par lui : il était *bleu*, on le refusa. Le
gouverneur de l'île, Sainte-Croix, oncle de l'historien,
it bravement son devoir ; malgré sa résistance, le

Palais fut emporté d'assaut, et la citadelle capitula (7 juin 1761).

Il fallait une victime au ressentiment populaire provoqué par tant de désastres. Le coup tomba sur Lally. Il était encore détenu en Angleterre : comme La Bourdonnais, il obtint de revenir en France pour se justifier, et alla se constituer prisonnier à la Bastille (5 novembre 1761). Il y resta dix-neuf mois sans être interrogé ; puis, après une procédure aussi longue qu'inique, il fut condamné, le 6 mai 1766, à avoir la tête tranchée « pour avoir trahi les intérêts du roi, de l'Etat et de la compagnie, et pour abus d'autorité, vexations et exactions. » On le conduisit en place de Grève, un bâillon à la bouche. Douze ans plus tard, son fils, énergiquement secondé par Voltaire mourant, obtint de Louis XVI la cassation de l'arrêt du parlement de Paris ; mais les parlements de Rouen, puis de Dijon, confirmèrent le jugement primitif, et plus tard la Révolution, qui emporta les cours de justice, empêcha une réhabilitation déjà obtenue d'ailleurs dans l'opinion publique.

Sur le continent, la guerre s'était prolongée depuis 1759 sans succès marqués de part ni d'autre. En 1761, Choiseul, ministre de la guerre et de la marine, conclut avec les trois autres branches des Bourbons régnant en Europe (Espagne, Parme et Deux-Siciles) l'alliance offensive et défensive connue sous le nom de Pacte de famille. Malheureusement, les deux marines, espagnole et française, étaient tombées si bas, qu'il n'y avait pour le moment rien à attendre de leur union. La France y perdit encore la Martinique, qui ne renouvela pas sa belle défense de 1759 ; l'Espagne les Philippines

Cuba, qui furent enlevées presque sans coup-
rir.

Enfin la paix fut signée (10 février 1763). La
ance, à qui on rendait Belle-Ile en échange de Mi-
rque, ne recouvrait de ses colonies perdues que
îlots du banc de Terre-Neuve, la Guadeloupe, la
irtinique, Sainte-Lucie, Gorée, et en revenait dans
nde à ses limites de 1749; c'est-à-dire qu'elle cé-
it à l'Angleterre la vallée de l'Ohio, le Canada,
uisbourg, les Antilles neutres, le Sénégal et l'Inde.
Angleterre restituait à l'Espagne les Philippines et
iba, en échange de la Floride. Pour dédommager
Espagne, la France lui donnait la Louisiane, der-
er débris de son empire continental d'Amérique.
nfin Dunkerque devait être remis dans le même
at qu'avant la guerre, et des commissaires anglais
iyés par la France étaient chargés de veiller à l'exé-
ition de cet article. Quant au traité d'Hubertsbourg
l Saxe, il confirma à Frédéric le Grand la posses-
on de la Silésie.

Le croirait-on, Pitt, retiré depuis 1761 du minis-
re, fit une opposition désespérée à ce traité, le plus
onteux de notre histoire. Il eût voulu nous enlever
isqu'aux Mascareignes, et ne pas nous rendre une
ule colonie. « Vous laissez à la France, s'écriait-il, la
ossibilité de rétablir sa marine. » A l'égard de Dun-
erque, c'est lui qui, dès les négociations de Versailles,
a avait impérieusement exigé la démolition, comme
n monument éternel du joug imposé à la France.

Près d'un million d'hommes avaient péri dans cette
uerre, dont deux cent mille Français. Quatre mois
près la paix de Paris, fut érigée, sur la place dite
ouis XV, la statue équestre, votée dix-neuf ans au-

paravant par les échevins de Paris en l'honneur du *Bien-Aimé*, œuvre de Bouchardon, renversé en 1792.

5° *Fin du règne de Louis XV (1763-1774)*.

Madame de Pompadour, qui régnait depuis 1744 ne survécut que d'un an au traité de Paris, sou ouvrage. Choiseul, débarrassé de son indigne protectrice, fit les plus louables efforts pour rétablir la marine, en prévision d'une reprise des hostilités avec l'Angleterre Il régénéra le Grand corps, par l'ordonnance de 1765, mais sans pouvoir élever aux grades supérieurs les plébéiens, à cause de la résistance des officiers *rouges*. Il acheta à la compagnie des Indes, tombée en dissolution, Lorient, qui devint notre quatrième port de guerre, donna un excellent régime colonial aux Mascareignes et aux Antilles, et fit de Saint-Domingue la plus florissante colonie du globe ; mais il échoua complétement dans une tentative de colonisation de l'insalubre Guyane.

En 1766, Choiseul permuta avec le duc de Praslin, ministre des affaires étrangères. Celui-ci continua l'œuvre de son cousin, agrandit le port de Brest, éleva la flotte à soixante-quatorze vaisseaux de ligne et cinquante frégates ou corvettes, et envoya dans les mers du sud Bougainville. Ce navigateur, le premier des Français qui ait été chargé par son gouvernement d'un voyage de circumnavigation, avait servi dans la guerre du Canada sous Montcalm. De 1766 à 1769, il franchit le détroit de Magellan, et visita, entre autres îles de l'Océanie, les Pomotou, Taïti, l'archipel Hamoa, les Nouvelles-Hébrides, l'archipel Salomon,

fin quelques points de la Nouvelle-Irlande et de ia
ouvelle-Guinée. Comme Bougainville revenait en
ance, un autre combattant de la guerre du Canada,
ok, commençait le premier de ses trois voyages
tour du monde.

Cependant Stanislas était mort en 1766. D'après le
aité de Vienne, la Lorraine revint à la France. Peu
rès (1768), nous fîmes une acquisition importante,
lle de la Corse. Déjà, à deux reprises, en 1738 et
1756, la France avait fait rentrer cette île sous le
ug de ses anciens maîtres, les Génois. Mais, après
départ des Français, Gênes ne pouvant pas en rester
aîtresse, et les insulaires sollicitant l'aide de l'An-
eterre, Choiseul se fit céder la Corse par les Génois
s'en empara, malgré la vive résistance de Pascal
ioli. L'Angleterre ne put que protester : son atten-
on était absorbée en ce moment par les troubles tou-
urs croissants de ses colonies d'Amérique.

De son côté, Louis XV, depuis le traité de Paris,
était affaissé de plus en plus dans l'inertie et la dé-
auche. Il descendit dans la tombe en 1774, après
oir vu périr avant lui le dauphin ; renversé les
suites et les parlements, c'est-à-dire les derniers
ais de la royauté ; décrété la banqueroute de l'abbé
erray ; organisé le monopole que le peuple flétrit
us le nom de Pacte de famine; disgracié, en 1770,
s deux Choiseul, qui ne voulaient pas s'humilier
evant la fille Lange, devenue comtesse Du Barry ;
nfin assisté impassible au premier partage de la Po-
ogne, en 1772, et à la ruine des Turcs, qui en fut
conséquence, attendu que c'est la seule puissance
ui répondit à l'appel désespéré de la confédération
e Bar. On raconte que Marie-Thérèse, en signant ce

partage inique, ajouta de sa main au *placeat* : « Longtemps après ma mort, les peuples verront ce qu'il en
coûte de violer les saintes lois de la justice. » Quant
à Louis XV, il se contenta de dire que si Choiseul
était resté au pouvoir, la Pologne n'eût pas été partagée.

V

RÉSURRECTION SOUS LOUIS XVI

Avénement de Louis XVI. — Sartines à la marine. — Or-
donnances de 1776. — Réformes de Turgot. — Ministère de
Necker.— Soulèvement des colonies anglaises d'Amérique.
— Commencement des hostilités. — Faiblesse des Américains au début de la lutte.— Déclaration d'indépendance.
— Alliance des Etats-Unis avec la France. — Etat de la
France et de l'Angleterre en 1778. — Combat de la *Belle-
Poule* et de l'*Aréthuse*. — Bataille d'Ouessant. — Prise de
nos comptoirs de l'Hindoustan. — Exploits du comte d'Es-
taing à Newport. — Son échec au Grand-Cul-de-Sac. — Re-
prise du Sénégal. — L'Espagne s'allie avec la France. —
Tentative de descente en Angleterre.— Combat de la *Surveillante* et du *Québec*. — Victoire de d'Estaing à la Grenade. — Echec devant Savannah. — Victoire de La Motte-
Picquet à la Martinique.— Lutte de Rodney et de Guichen
aux Antilles. — Neutralité armée contre l'Angleterre. —
Celle-ci déclare la guerre à la Hollande. — Combat du
Doggers-Bank.— Batailles du cap Henry. de la Martinique
et de la Chesapeake.— Capitulation de Cornwalis.—Défaite
des Saintes ou de la Dominique. — Echec devant Gibraltar. — Arrivée de Suffren dans l'Inde. — Combats de Madras, de Provedien, de Negapatam, de Trinquemalé et de

Goudelour. — Traité de Versailles, 1783. — Ministère du second Pitt. — Encouragements donnés à la marine par Louis XVI. — Digue de Cherbourg. — Code Castries. — Voyage de Lapérouse. — Ministères de Joly de Fleury, de Calonne et de Brienne. — Etats-généraux de 1789. — La Constituante. — Premiers troubles. — Marche ascendante de la révolution. — Voyage de d'Entrecasteaux. — La Législative. — Invasion étrangère. — La Convention proclame la République, 1792.

Personne ne doute que si Louis XV eût duré quelques années de plus, la Révolution éclatait de son vivant. Tout ce que put faire son infortuné petit-fils et successeur Louis XVI, ce fut de la retarder de quinze ans. Le rétablissement des parlements, les réformes qu'il tenta, les soins donnés à la marine, l'honneur du pays relevé par la guerre de l'indépendance américaine ne purent le sauver, et il paya pour les fautes de son aïeul, aussi bien que pour sa propre faiblesse, comme jadis Charles Ier d'Angleterre avait payé pour les fautes de son père Jacques Ier.

Une des premières erreurs de Louis XVI fut de rappeler aux affaires comme premier ministre, au lieu de Choiseul ou de Machault, le petit-fils du chancelier Pontchartrain, Maurepas. Celui-ci était alors septuagénaire; malheureusement, ce qu'il avait de frivole dans l'esprit n'avait fait que s'accroître avec l'âge. Maurepas fit entrer au ministère de la marine Turgot, qui n'y passa qu'un mois, puis Sartines, ancien lieutenant de police, lequel s'adjoignit comme directeur général des ports et des arsenaux, le chevalier de Fleurieu, marin et savant distingué, qui fut lui-même ministre sous la Constituante. C'est à celui-ci qu'on doit les ordonnances de 1776, qui réformaient l'administration de la marine et accordaient quelques avantages aux officiers bleus. Aux finances, Maurepas patronna Turgot, et, après lui, Necker; puis il travailla à leur chute, dès qu'il vit en eux des rivaux. Il mourut en 1781.

Le désordre dans les finances était une des grandes plaies du pays. « Le grand, l'honnête, le confiant Turgot proposa le vrai remède : économie et abolition des priviléges. » Et il se mit avec ardeur à l'ouvrage, car c'était le seul moyen de prévenir une révolution que tous prévoyaient. Il commença par autoriser la circulation des grains à l'intérieur, ordonna des recherches sur un système complet de canalisation du royaume, remplaça la corvée par une imposition en argent, et donna la liberté à l'industrie, en abolissant les jurandes et les maîtrises. Au bout de quelques mois, sans banqueroute, sans emprunt, sans taxes nouvelles, il avait réussi à mettre de l'ordre dans les finances. Mais il voulut l'impôt territorial égal pour tous : ce fut là qu'il échoua, et il fut renversé par les privilégiés, 1776. Il est mort cinq ans plus tard, la même année que Maurepas.

Sous Clugny, successeur de Turgot, la corvée et les maîtrises furent rétablies. Necker, qui remplaça bientôt Clugny, adopta pour devise : publicité et confiance. Le père de madame de Staël était honnête, éloquent, habile. Il eût peut-être réussi, sans la guerre d'Amérique qui ruina ses plans. Il nous faut ici retourner de quelques années en arrière, pour rechercher l'origine de ce soulèvement.

La guerre de Sept ans avait presque doublé la dette anglaise, qui s'élevait, en 1763, à trois milliards et demi. Le gouvernement voulut faire supporter à ses colonies leur part des charges de la métropole.

C'était juste, et il y serait probablement arrivé, s'il n'avait prétendu les imposer. Mais ces puritains qui représentaient l'élément démocratique de la vieille Angleterre, refusèrent de payer des taxes spéciales, non comme excessives (elles ne l'étaient pas), mais comme illégales, attendues qu'elles étaient imposées, et non proposées.

L'impôt du timbre, décrété dès 1765, avait produit une telle fermentation à New-York, Philadelphie et Boston, que l'Angleterre fut obligée de le retirer l'année suivante ; seulement elle réserva son droit de taxer les colonies, ce qui n'apaisa pas les *insurgents*. L'impôt du thé ayant été maintenu, les habitants de Boston protestèrent en 1773, en jetant à la mer une cargaison de thé de la compagnie des Indes. Le gouvernement bloqua le port. Alors le Massachussets se déclara en insurrection, et son exemple fut suivi par les autres provinces qui, dans un congrès général tenu à Philadelphie en 1774, s'interdirent tout commerce avec l'Angleterre. Les hostilités commencèrent l'année suivante par la défaite du général anglais Gage, à Lexington près Boston.

En commençant contre la mère-patrie cette lutte dont le but n'était point encore l'autonomie américaine, l'Union ne possédait que de bien faibles ressources pour résister à la Grande-Bretagne. Composée uniquement de planteurs et de commerçants, elle n'avait, à proprement parler, ni armée ni marine. Aussi ne put-elle lancer que des corsaires, et tout le poids de la guerre maritime, c'est nous qui l'avons supporté.

Washington, nommé généralissime des troupes américaines, débuta pourtant sur le continent par un grand succès : avec trente mille hommes de milices indisciplinées, il reprit Boston. Les Américains abandonnèrent alors le drapeau anglais, pour prendre l'étendard aux treize bandes, signe de la confédération des *Treize Etats-Unis*.

L'Europe accueillit avec enthousiasme la déclaration d'indépendance de la jeune Amérique, la France surtout, qui brûlait d'effacer la honte de la guerre de Sept ans. Franklin, venu à Versailles pour demander des secours, fut l'objet d'une ovation continuelle. L'auteur du *Figaro*, Beaumarchais, fit passer des armes aux Américains; le jeune marquis de La Fayette équipa un vaisseau à ses frais, et alla leur offrir son épée. Louis XVI presque seul répugnait à cette guerre, qu'instinctivement il sentait devoir être fatale à sa couronne ; mais les vexations qu'exerçait l'Angleterre envers le pavillon français depuis le traité de Paris, et la capitulation du général anglais Burgoyne à Saratoga sur l'Hudson, l'emportèrent sur ses répugnances. Un traité d'amitié et de commerce, puis un traité d'alliance éventuelle et défensive furent conclus avec les Etats-Unis. L'Angleterre s'apprêta aussitôt à la guerre.

En paix avec tous les autres Etats de l'Europe, la France ne pouvait désirer une circonstance plus favorable pour venger ses vieilles injures. Elle se trouvait libre pour la première fois d'appliquer tous ses soins à l'augmentation de sa marine, et, aux coups qui lui furent portés, l'Angleterre reconnut ce qu'elle aurait encore à craindre dans une guerre où la France lutterait avec elle seule à seule. Dans son parlement, d'ailleurs, l'opposition devenait si violente qu'elle put se croire à la veille d'une révolution. Les chefs wighs, Pitt, Fox, Burke prirent libéralement la défense des insurgés, et le premier alla jusqu'à approuver hautement la conduite des Américains. Mais le ministère North ayant proposé de traiter avec eux, pour empêcher l'intervention française, Pitt, alors mourant, se fit porter une dernière fois à la tribune pour faire décider que l'Angleterre ne s'humilierait ni devant l'Amérique, ni devant la France.

Quoique décidé à la guerre, Louis XVI, par une étrange capitulation avec sa conscience, voulait que ce fût l'Angleterre qui tirât le premier coup de canon. Il eut cette satisfaction. Une flotte anglaise, aux ordres de l'amiral Keppel, étant venue faire une reconnaissance vers Brest, rencontra deux frégates françaises à la hauteur d'Ouessant. Keppel les somma de venir à la poupe de son navire. Naturellement, elles refusèrent : on tira sur elles. La plus avancée, la *Licorne*, fut enveloppée, lâcha sa bordée et se rendit. Mais la *Belle-Poule*, commandant Chadeau de la Clocheterie, après avoir essayé en vain de fuir, se retourna contre la frégate anglaise l'*Aréthuse*, la désempara après un combat de cinq heures, et rentra triomphante à Brest (17 juin 1778). La lutte était ainsi engagée, sans déclaration préalable.

La flotte française de Brest, aux ordres du lieutenant-général d'Orvilliers, ne tarda pas à prendre la mer : elle était forte de trente-deux vaisseaux de ligne. On reconnut l'ennemi entre Ouessant et les Sorlingues. Après quatre jours de savantes évolutions, les deux armées navales s'engagèrent (27 juillet). Les forces étaient à peu près égales : la bataille fut indécise ; aucun vaisseau ne fut perdu. Les Anglais considérèrent, à bon droit, cet engagement comme une défaite, car ils firent retraite et ne revinrent pas à la charge. La perte avait été faible et presque égale des deux côtés.

Une seconde flotte, commandée par d'Estaing, avait été expédiée en Amérique ; il eût fallu en envoyer une troisième dans l'Inde. Par suite de cette négligence, Chandernagor et Karikal se rendirent presque sans coup-férir. Il y avait pourtant dans les mers de l'Inde une escadre de dix vaisseaux, commandée par le capitaine de vaisseau Tronjoly, qui livra au commodore Vernon un combat indécis, à la suite duquel il se retira à l'Ile de France. Il en résulta que Bellecombe, le gouverneur de Pondichéry, indignement abandonné, dut capituler, après soixante-dix jours de siége, à des conditions du reste très honorables. Quelques mois après, les Anglais s'emparèrent de Mahé, qui n'avait pas de défense, et le pavillon blanc disparut encore une fois des mers d'Asie.

Cependant l'escadre de Toulon était arrivée à l'embouchure de la Delaware. D'Estaing combina avec les Américains une double attaque par terre et par mer contre l'île de Rhode, dans la baie de Narragansett. Il força le passage, et contraignit sept vaisseaux anglais à se brûler, pour lui échapper. Au moment de débarquer dans l'ile, on signala l'escadre de l'amiral Howe. D'Estaing retraversa les passes, pour aller au-devant de l'ennemi. Un coup de vent sépara les deux escadres. La tempête calmée, d'Estaing se porta aux Antilles que les Anglais menaçaient, abandonnant le siége de Rhode-Island.

En effet, le major général Grant, à la tête de dix régiments, soutenus par le feu d'une escadre de sept vaisseaux, s'était emparé de Sainte-Lucie, compensant ainsi la conquête récente de la Dominique par le marquis de Bouillé. D'Estaing voulut reprendre Sainte-Lucie. Malgré la supériorité de ses forces (douze vaisseaux et cinq mille hommes), il ne put battre les Anglais dans la baie du Grand-Cul-de-Sac, et se retira après trois assauts infructueux.

Dans l'Amérique du Nord, les Anglais s'emparèrent sans résistance des îlots de Saint-Pierre et de Miquelon, que le traité de Paris nous avait interdit de fortifier; sur la côte d'Afrique, en revanche, ils perdirent le Sénégal. Vers la fin de l'année 1778, était parti de Brest, avec huit bâtiments, le marquis de Vaudreuil, escortant un convoi qui se rendait aux Antilles, et portant quelques troupes de débarquement. En passant devant Saint-Louis, il fit capituler cette place, y laissa les bâtiments inférieurs, et, avec les deux vaisseaux et le convoi, se rendit à Saint-Domingue, d'où il rallia ensuite d'Estaing à la Martinique.

L'Angleterre, selon sa coutume, avait cherché à distraire la France de la lutte maritime par une guerre continentale. Dans ce but, elle avait excité l'empereur d'Allemagne à s'emparer de la Bavière, puis elle lui avait opposé le grand Frédéric. L'Autriche implora le secours de la France; cette fois, celle-ci resta neutre, ce qui força Joseph à lâcher la Bavière. Au contraire, l'Espagne se mit de notre côté. Elle avait offert sa médiation, que le cabinet de Saint-James refusa avec hauteur. La France, en lui montrant l'occasion de reprendre Gibraltar et Minorque, n'eut pas de peine à l'entraîner dans son alliance.

Les armées navales de France et d'Espagne, réunies

en juin 1779 à Brest, sous le commandement du comte d'Orvilliers, présentaient le chiffre imposant de soixante-six vaisseaux de ligne. Louis XVI songea alors à l'entreprise, si souvent tentée, jamais réussie, d'une descente en Angleterre. Une armée de quarante mille hommes devait être débarquée à Plymouth, où s'était réfugié l'amiral Hardy, avec ses trente-sept vaisseaux. Mais il n'y avait pas d'union entre les chefs français et espagnols, et l'amiral D. Luis de Cordova était aussi incapable que brave. On ravagea les côtes anglaises, et ce fut tout. L'Angleterre épouvantée fut sauvée de cette *armada* nouvelle, comme elle l'avait été de la première, par la tempête; et le scorbut décima les équipages des alliés. Le convoi promis n'avait pas été expédié. D'Orvilliers rentra à Brest sans avoir rien fait, ayant perdu cinq mille hommes. Injustement accusé, il quitta le service.

Peu après (7 octobre 1779) eut lieu, à l'entrée de la Manche, un des plus héroïques combats de navire à navire qu'aient recueilli les annales maritimes : la lutte des deux frégates la *Surveillante* et le *Québec*. Il faut en lire le terrible et touchant récit, soit dans l'*Histoire maritime*, de M. L. Guérin, soit dans la *Biographie bretonne*, de M. Levot. Les forces, la valeur, l'habileté étaient égales. La fortune décida en faveur des Français. La frégate anglaise s'abîma dans les flammes, avec son commandant Farmer. Les restes mutilés de son équipage furent recueillis et traités en frères sur le navire français, désemparé lui-même de ses trois mâts. Son commandant Ducouédic, qui avait été sublime de courage et d'humanité, mourut trois mois après de ses blessures (1).

(1) H. Martin, *Histoire de France*. t. XVI, p. 143, note 2.

Pendant que d'Orvilliers se bornait à faire fuir de-
int lui l'amiral Hardy dans la Manche, d'Estaing,
ont la flotte s'était élevée jusqu'à vingt-cinq vais-
aux, s'emparait de Saint-Vincent et de la Grenade,
ittant devant cette dernière île la flotte de l'amiral
yron, venue pour la secourir. Sollicité de nouveau
ar les Américains, il mit le siége devant Savannah.
ais comme il n'avait pas assez de soldats pour em-
orter la place, il fut vigoureusement repoussé par le
énéral Prévost, et il y perdit sans résultat douze
ents hommes. C'est alors qu'il revint en Europe,
issant une forte croisière dans les mers d'Amérique.
près son départ, le chef d'escadre La Motte-Picquet
sa s'engager, avec trois vaisseaux contre quatorze,
our défendre une flottille marchande dont il sauva
i moitié, et revint lui-même presque sans perte à
ort-Royal. C'est le beau combat de la Martinique,
18 décembre 1779).

La fortune maritime de l'Angleterre commença à se
elever sous Rodney, qu'une générosité aussi intem-
estive que chevaleresque du maréchal de Biron (qui
aya ses dettes) rendit à la liberté. Mis à la tête de
ingt-deux vaisseaux de ligne, il ravitailla Gibraltar
u'assiégeaient les forces réunies de l'Espagne et de la
rance, et arriva aux Antilles, où d'Estaing venait
l'être remplacé par le comte de Guichen. Les deux
miraux en vinrent aux mains pour la première fois
17 avril 1780) dans les eaux de la Dominique. Les
orces étaient à peu près égales : Rodney céda le
hamp de bataille. Un mois plus tard (15 mai), il revint à la charge, entre la Dominique et Sainte-Lucie -
e combat fut indécis. Une troisième bataille, livrée
le 19 mai, fut encore sans résultat.

L'échec de Savannah avait compromis la cause amé
ricaine. A la sollicitation de Washington, Louis XV
fit partir Rochambeau avec sept vaisseaux de ligne e
cinq mille hommes de troupes, et remplaça, à la ma
rine, Sartines, que Necker accusait de prodigalité, pa
le marquis de Castries. Le vainqueur de Clostercam
était étranger aux choses de la mer. Néanmoins
comme il avait de la tête et du cœur, il imprima un
activité nouvelle aux armements. Il parvint même
soulever l'Autriche, la Hollande et les puissances d
la Baltique contre le droit de visite que s'arrogea
l'Angleterre sur les vaisseaux des puissances neutres
La France accepta la neutralité de la Baltique, qu
fut fermée aux belligérants.

Cette coalition de toutes les marines secondaires
connue sous le nom de neutralité armée, pouvan
être des plus redoutables pour l'Angleterre, celle-c
espéra la déjouer en frappant des coups rapides. Le
Hollandais, les plus à craindre, furent attaqués le
premiers. Leur amiral Zoutman se défendit avec cou
rage au Doggers-Bank, vaste bas-fond de la mer du
Nord entre le Danemark et l'Angleterre, contre la
flotte supérieure de l'amiral Parker. Cette bataille
indécise comme l'ont été si souvent les actions d
mer, fut le dernier éclat jeté par la marine hollan
daise, qui n'avait pas de flotte de rechange. Aussi se
colonies furent-elles envahies. Rodney lui enleva les
Antilles et la Guyane; aux Indes, Johnston fut chargé
de lui prendre le Cap, Negapatam et Trinquemalé; mais
la France vint encore au secours de sa nouvelle alliée
et une petite escadre, confiée à Suffren, partit pour les
Indes-Orientales, pendant que le comte de Grasse se
dirigeait avec vingt et un vaisseaux vers les Antilles

L'année 1781 devait voir le sort de la guerre se dé-
ler aux Etats-Unis. Elle avait commencé par le
mbat du cap Henry, à l'entrée de la Chesapeake,
tre Destouches et Arbuthnot. Le résultat avait été
décis ; les Anglais, du reste, très maltraités. Grasse,
irvenant, battit à la Martinique la flotte de l'amiral
ood, enleva Tabago, et, coupant au travers des
ueils du canal de Bahama, prolongea les deux Ca-
lines, pour concourir au plan que Washington et
ochambeau avaient conçu de cerner l'armée du géral anglais Cornwalis dans la presqu'île d'York-
own, en Virginie. Il chassa de la Chesapeake la flotte
l'amiral Graves, et contribua ainsi grandement à la
ipitulation qui décida de la délivrance des Etats-Unis.
ornwalis, enfermé dans la presqu'île par les troupes
La Fayette et par l'armée de Washington, que
rasse avait transportée, se rendit avec sept mille
ommes et six vaisseaux de guerre. Les Anglais ne
ossédaient plus que New-York, Charleston et Sa-
annah.

Seule contre plusieurs alliées, l'Angleterre voyait
âlir son étoile. L'Espagne avait reconquis Minorque
t les Florides, et enlevé les Lucayes ; le marquis de
ouillé avait repris Saint-Eustache. Grasse voulut
oursuivre ces succès. Après avoir échoué à la Bar-
ade, il fut d'abord repoussé de Saint-Christophe,
uis finit par s'emparer de l'île, tout en laissant
chapper la flotte anglaise inférieure en forces. Trois
nois plus tard (8 avril 1782), il la rencontra de nou-
eau aux Saintes. Par la jonction des amiraux Rod-
iey et Hood, elle comptait alors trente-sept vais-
eaux. Bien qu'il n'en eût lui-même que trente, dans
in premier engagement, il fit plier l'avant-garde en-

nemie. Mais dans une seconde affaire livrée troi:
jours après (12 avril), la valeur de ses équipage.
échoua contre la supériorité du nombre et les habile:
manœuvres de Rodney, qui imagina de couper s:
ligne de bataille, pour en mettre une partie entre deu:
feux. Cinq vaisseaux français furent pris. L'amiral
monté sur la *Ville-de-Paris*, lutta jusqu'au soir
écrasé par ses adversaires, il fut obligé d'amener, e
son navire coula avant d'arriver à Plymouth. Le rest:
de la flotte fut sauvé par Bougainville et Vaudreuil
A la suite de cette victoire, les Anglais, très affaiblis:
se concentrèrent dans New-York, évacuant Charlestor
et Savannah.

En Europe, à la même époque, nous ne pouvion:
pas les déloger de Gibraltar. L'Espagne avait fait ur
camp retranché à San-Roque, pour annoncer son in:
tention de reprendre ce rocher, d'où l'Angleterr:
insulte encore à son honneur national. La place, bloquée depuis 1779, mais ravitaillée à plusieurs reprises, avait huit mille défenseurs. Un ingénieur franc-
comtois, nommé d'Arçon, imagina, en 1780, pour c:
siége, un système de batteries flottantes, consistant er
de gros vaisseaux rasés, blindés d'énormes pièces de
bois que revêtaient du liége et des chênes verts, mu-
nis de réservoirs d'eau à l'intérieur, et portant chacun
dix-huit pièces de canon. On en réunit dix contre Gi:
braltar, et le plan d'attaque fut tracé par Crillon,
d'après les dispositions indiquées par l'ingénieur ;
mais ce plan fut exécuté sans ensemble. La flotte,
contrariée par les vents, ne put prendre part au bombardement ; les batteries, imparfaites et d'ailleurs mal
postées, touchèrent ou furent incendiées par les boulets rouges de l'ennemi : quinze cents hommes péri-

it. L'amiral Howe profita de deux coups de vent
ar ravitailler la place, tout en évitant une bataille,
le siége continua sans succès jusqu'à la fin de la
erre. L'honneur de cette énergique défense revient
 général Elliot.
Dans l'Inde, où la France s'était enfin décidée à
r. le bailli de Suffren-Saint-Tropez sut égaler par
1 génie nos plus grands hommes de mer, avec de
diocres ressources, et dans des parages où il ne
us restait plus un seul port de ravitaillement. Né
1729 en Provence, et entré au service en 1743, il
ait été désigné par d'Estaing au choix de M. de Cas-
es. Parti de Brest en mars 1781, il avait rencontré
ns la baie portugaise de Praya, à l'île Santiago du
p Vert, l'escadre du commodore Johnston, et, la
rçant au mouillage, l'avait mise hors d'état de le
écéder. Puis, après avoir ravitaillé la colonie du
.p, il s'était dirigé vers l'Inde, où Hayder-Ali, sultan
 Mysore, luttait péniblement contre les Anglais.
Dès son arrivée dans la péninsule (17 février 1782),
iffren chassa de Madras la flotte de l'amiral Hugues,
 donna des renforts à Hayder-Ali, qui put alors
mparer de Goudelour. Le jour même que Grasse se
isait battre et prendre aux Saintes (12 avril), Suffren
rait à Hugues un second et terrible combat, celu
 Provédien, sur la côte orientale de Ceylan. L'An-
ais y fut encore très maltraité : malheureusement
s grains et des sautes de vent séparèrent les deux
cadres; et Hugues, se retranchant derrière le banc de
rovédien, ne put y être forcé, et alla se réparer à
rinquemalé. Suffren en profita pour attaquer Néga-
itam. Hugues reparut, et fut encore battu (6 juillet);
tte fois, il avait atteint son but, en mettant Suffren

hors d'état de continuer le siége. Suffren s'en dédommagea alors en enlevant Trinquemalé, le meilleur port de Ceylan. Hugues, arrivé trop tard, livra une quatrième bataille ; il fut encore repoussé (3 septembre). Sur ces entrefaites, Hayder-Ali vint à mourir. Son fils, Tippoo-Saëb, héritier de son courage, mais non de son génie, se laissa refouler par les Anglais dans Goudelour. Sur le point de succomber, il fut délivré par une dernière victoire de Suffren (20 juin 1783). Ce fut alors qu'on apprit dans l'Inde la fin de la guerre. Ces cinq triomphes devenaient stériles, car la péninsule restait aux Anglais.

Franklin, contrairement à toutes les conventions, avait signé avec eux des préliminaires, qui ne devaient être valables, il est vrai, qu'à la paix générale. La France y souscrivit le 10 janvier 1783, et le traité définitif fut signé le 3 septembre. L'Angleterre reconnut l'indépendance des Etats-Unis ; laissa à la Hollande Trinquemalé, et garda Négapatam ; à l'Espagne, Minorque et la Floride, en retour des Lucayes ; à la France, Sainte-Lucie, Tabago, Saint-Louis, et lui rendit ses établissements de l'Inde, sans la liberté de les fortifier. Elle consentit seulement à abroger cette défense pour Dunkerque et pour les îlots de Saint-Pierre et Miquelon. La France, de son côté, restituait à l'Angleterre la Grenade, Saint-Vincent, la Dominique, Saint-Christophe et quelques autres Antilles. Quant au sultan de Mysore, indignement abandonné, il fit sa paix l'année suivante, en rendant à l'Angleterre toutes ses conquêtes.

Trop précipitamment conclu, ce traité ne donnait pas tout ce qu'il était permis d'espérer, après une lutte glorieuse, qui avait coûté quatorze cents mil-

ns à la France. Cependant il ne faut pas mécon-
itre que la Grande-Bretagne avait été affaiblie par la
ation d'une Angleterre rivale qui nous devait son
lépendance; qu'en outre, la liberté des mers avait
 proclamée, et l'ascendant de la France rétabli en
rope.

Au surplus, la vivace Angleterre se remit prompte-
nt de ce grave échec. En 1782, Georges III avait ap-
é au ministère un jeune homme de vingt-trois ans,
ils cadet de lord Chatham. Le second Pitt a gouverné
 pays presque sans interruption jusqu'en 1806. En
ins de dix ans, il pacifia l'Inde, dont la conquête de-
it dédommager l'Angleterre de la perte de l'Amérique;
onquit diplomatiquement et commercialement les
ats-Unis, chez lesquels il trouva des débouchés
e ceux-ci, restés à l'état de colonie, ne lui auraient
ut-être jamais offerts; apaisa l'Irlande; conclut
ec la France un traité de libre commerce, tout à
vantage de sa nation; enfin enleva la Hollande à
tre protection, et en fit de nouveau un satellite
 la politique britannique sur le continent.

De son côté, Louis XVI profita des loisirs de la paix
ur maintenir cet équilibre naval que la France avait
tabli pendant la guerre précédente. C'est ainsi qu'il
icouragea, parmi les marins, l'ingénieur Sané, sur-
ommé le Vauban de la marine, l'astronome Chabert
 le grand géomètre Borda, l'un et l'autre glorieux
mbattants des guerres de Sept ans et d'Amérique;
i'il fit exécuter le canal du Centre, et commencer
ux de Bourgogne et d'Alsace; creuser par l'ingé-
ieur Groignard le premier bassin de Toulon; répa-
r le port d'Agde menacé d'ensablement, et agrandir
lui de Port-Vendres, qui fut mis en état de rece-

voir de gros navires. Des écluses de chasse furent encore établies au Tréport et à Dieppe, et des travaux entrepris au Havre, à la Rochelle, à Rochefort et à Brest. Mais de tous ces ouvrages, le plus important fut celui de Cherbourg.

Les premières constructions commencés par Vauban dans ce port avaient été démolies trois ans avant la Hougue ; celles qui furent reprises par Fleury n'avaient pas empêché la ville d'être ruinée par les Anglais ; les travaux ordonnés par Louis XVI, et qui, interrompus à plusieurs reprises, n'ont été achevés que de nos jours, ont fait de Cherbourg le troisième grand port de guerre de la France. On estime à près de deux cents millions la dépense totale des constructions de cet arsenal. La digue seule, colossal brise-lames de plus de trois mille sept cents mètres d'enrochement (le *break-water* de Plymouth n'a pas quatorze cents mètres), a coûté soixante-neuf ans d'efforts et soixante-huit millions. Le premier bassin de flot ou avant-port date de Napoléon Ier ; le second, de la Restauration ; l'arrière-bassin, creusé dans le roc comme les deux autres, et qui n'a été immergé qu'en 1858, après vingt-deux ans de travaux, est le plus gigantesque monument hydraulique du monde entier. On a dit de ces trois bassins que ce sont les pyramides d'Egypte exécutées en creux.

En même temps, le ministre de la marine, dans une série d'ordonnances qui portent le nom de code Castries, refondait les édits et règlements des deux Colbert, en améliorant le régime des classes ; en introduisant dans la marine royale les capitaines au long cours ; en élevant les ingénieurs au rang d'officiers ;

en créant un corps de canonniers matelots; en régu-
arisant les écoles d'hydrographie et de pilotage; en-
in, en supprimant les gardes de marine, qui, depuis
ongtemps, ne se signalaient plus que par leurs dé-
ordres, et en créant deux colléges de marine : l'un à
Alais, dans le Languedoc; l'autre à Vannes, en Bre-
agne.

Louis XVI chargea enfin Lapérouse de faire de nouvelles découvertes, et d'étendre au loin les relations
de la France. Ce navigateur partit de Brest le
.er août 1785, avec la *Boussole* et l'*Astrolabe*, doubla le cap Horn; toucha aux Sandwich; visita la côte
nord-ouest de l'Amérique du Nord; mouilla à Macao,
puis aux Philippines; alla de là reconnaître les îles
du Japon, et, n'ayant pu remonter la Manche de
Tartarie qui est innavigable dans sa partie septentrio-
nale, franchit le détroit qui a gardé son nom; traversa
es Kouriles, où il nomma le canal de la Boussole;
elâcha à Pétropaulosk; fit ensuite route au Sud en
assant par les îles des Navigateurs et des Amis, et
rriva à Sidney, que les Anglais venaient de fonder,
n 1788. Depuis cette époque, on ne reçut plus de ses
ouvelles.

A l'intérieur, Necker était tombé du ministère,
eux ans avant le traité de Versailles. Son fameux
ompte-rendu, qu'il publia en 1781, et qui fut l'oc-
asion de sa chute, était une nouveauté en même
emps qu'un aveu d'impuissance; car il y divulguait
our la première fois la recette et les dépenses ordi-
aires. Mais comme les emprunts et les frais de guerre
'y figuraient point, il fallait, malgré tout, en revenir
ux plans de Turgot. On préféra essayer du conseil-
er d'Etat Joly de Fleury, qui, poussé là malgré lui

(il voulait être ministre de la justice), rétablit les abus que Necker avait détruits. Il se retira lui-même, en mars 1783, à la suite d'un différend avec Castries, qu'il accusait, sans preuve aucune, de souffrir des déprédations dans son département. Le prodigue et facile Calonne, qui le remplaça, prétendit ramener la confiance par le luxe, et, après un gaspillage de quatre ans qui ne fit qu'augmenter le déficit, convoqua, en 1787, l'Assemblée des notables. Celle-ci rejeta ses plans fantastiques, et Calonne, décrété d'accusation, s'enfuit en Angleterre. Enfin, l'archevêque de Toulouse, Loménie de Brienne, tenta de rétablir l'équilibre du budget par l'établissement de nouveaux impôts. Les parlements refusèrent de les enregistrer, et demandèrent la convocation des états généraux. Ce fut Necker, rappelé au pouvoir en 1788, qui les ouvrit, le 5 mai 1789. Sa seconde chute, le 11 juillet de la même année, fut le signal de la prise de la Bastille. La Révolution était commencée.

En effet, convoqués pour remédier à l'état déplorable des finances, les états généraux n'avaient pas tardé, entraînés par le tiers, à se proclamer Assemblée nationale (17 juin) ; dix jours plus tard, Assemblée constituante ; et en même temps qu'ils limitaient le pouvoir royal, ils avaient entrepris la réforme radicale du pouvoir. A cette Assemblée, qui se sépara le 30 septembre, après avoir donné une constitution à la France, succéda la Législative, hostile à Louis XVI, qui eut à soutenir le poids de la guerre et l'invasion étrangère. Les jacobins, ayant débordé la *Gironde*, après la journée du 10 août, firent décréter l'incarcération du roi, et l'établissement d'une troisième assemblée, nommée Convention. La Législative se sépara donc le 20 septembre 1792. Ce jour-là même, Dumouriez rejetait les Prussiens du territoire par la victoire de Valmy.

Ce fut la Constituante qui chargea le chevalier de Bruni d'Entrecasteaux d'aller à la recherche de Lapérouse. Ce navigateur, qui s'était signalé en 1786 par une belle campagne de l'Inde en Chine, à contre mousson, et à travers les écueils de la Malaisie, reconnut quantité d'îles déjà visitées par Bougainville et par Cook, explora plus de douze cents kilomètres de côtes de la Nouvelle Hollande, passa près de l'archipel de Santa-Cruz, sans recueillir aucun indice, et fut enlevé par le scorbut en mer, près des côtes de la Nouvelle Guinée. Ses deux frégates, la *Recherche* et l'*Espérance*, continuant leur route, allèrent mouiller à Sourabaya ; mais là elles furent prises par les Hollandais, alors en guerre avec la République française (1793).

VI

MARINE SOUS LA PREMIÈRE RÉPUBLIQUE ET LE PREMIER EMPIRE

1º *Première République.*—Première coalition contre la Révolution.— L'émigration et la Terreur fatales à la marine. — Danger de la France en 1793. — Mesures énergiques de la Convention. — Reprise de la Belgique. — Pertes coloniales. — Bataille du 13 prairial an II. — Réaction thermidorienne. — Conquête de la Hollande. — Paix de Bâle. — Combats du cap Noli, de Groix et des îles d'Hyères. — Dernier partage de la Pologne. — Le Directoire. — Ses premiers succès. — Première expédition d'Irlande.— L'Espagne et la Hollande vaincues par l'Angleterre.— Débarquement en Egypte.— Désastre d'Aboukir ou du Nil.— Résultats de cette journée. — Seconde coalition. — Seconde expédition d'Irlande. — Campagne navale de Bruix. — Retour de Bonaparte. — Il renverse le Directoire et dissout la seconde coalition.— Continuation des succès maritimes de l'Angleterre.— Bataille de Copenhague.— Combat d'Algésiras.—Affaire du Détroit.—Perte de l'Egypte.—Préparatifs de descente en Angleterre.—Echecs de Nelson devant Boulogne. — Paix d'Amiens. — Glorieuse administration du premier consul. — Ministère de Decrès. — Expédition de Saint-Domingue. — Voyage de Baudin et d'Hamelin. — Rupture de la paix d'Amiens. — Etat des deux marines en 1803. — Apprêts de descente. — Préparatifs de défense de l'Angleterre. — Complot de Cadoudal. — Napoléon empereur.

2º *Premier Empire.*—Napoléon roi d'Italie.— Plan d'invasion de l'empereur.— Campagne maritime de 1805.— Combat du Ferrol. — Fautes de Villeneuve. — Troisième coalition. — Dernières instructions de Napoléon à Villeneuve.

— Désastre de Trafalgar. — Tempête. — Héroïsme du commandant Cosmao. — Mort de Pitt. — Sa politique continuée par Castlereagh. — Napoléon garde la défensive sur mer. — Principaux exploits de nos croiseurs. — Défaite de Santo-Domingo. — Quatrième coalition. — Paix de Tilsitt. — Blocus continental. — Bombardement de Copenhague par les Anglais. — Déclaration des neutres. — Nouvelles violences de l'Angleterre et de Napoléon. — Progrès du système continental. — Invasion de l'Espagne. — Résistance du pays. — Cinquième coalition. — Paix de Vienne. — Revers dans la péninsule. — Combat des Sables-d'Olonne. — Affaire des brûlots à Rochefort. — Concentration des flottes dans la Méditerranée et dans l'Escaut. — Résistance de Missiessy à Anvers. — Toulon également préservé par Émériau. — Perte de nos colonies. — Combat du Grand-Port. — Guerre entre l'Angleterre et les États-Unis. — Invasion de la Russie. — Sixième coalition. — Chute de l'empire. — Traités de 1814 et de 1815.

1° *La première République* (1792-1804).

La Convention s'était réunie le 21 septembre 1792. Dès sa première séance, elle abolit la royauté et proclama la République. A l'extérieur, elle adopta le plan de Dumouriez, d'après lequel la France devait revendiquer ses limites naturelles. L'Autriche ayant été vaincue par ce général à Jemmapes, près de Mons, la France prit à son tour l'offensive, et s'empara de Mayence, de la Savoie, du comté de Nice et de la Belgique. Mais l'ouverture de l'Escaut nous brouilla mortellement avec la Hollande et l'Angleterre, et le supplice de Louis XVI (21 janvier 1793) fut le signal d'une prise d'armes générale contre la Révolution. Pitt, à son tour, voulait venger son pays des humiliations de la paix de Versailles. La Convention accepta sans hésiter la lutte, et déclara la guerre à tous ses ennemis.

Au commencement des hostilités, l'Angleterre possédait, tant à flot que sur les chantiers, cent quinze vaisseaux de ligne : ses alliées, la Hollande et l'Espagne, à elles deux, en avaient à peu près autant. La France n'en pouvait guère opposer que soixante-quinze ; mais ce qui faisait surtout notre infériorité, c'est que presque tous les officiers de la guerre d'Amérique avaient disparu pendant la Terreur, soit par l'émigration, soit par l'échafaud, et avec eux, la discipline, l'expérience toute spéciale de la guerre de mer, la tradition, en un mot. Cependant, comme il y allait du salut de la Révolution, la Convention s'occupa de reconstituer, avec la rapidité propre à cette époque, la chose qui s'improvise le moins, un personnel maritime. Elle publia un acte de navigation à peu près calqué sur celui de l'Angleterre, poussa au dehors ses escadres avec des équipages indisciplinés, des commandants la plupart étrangers à la tactique, et décréta l'héroïsme sur les navires, comme à la frontière (1).

Elle triompha sur le continent, bien qu'au premier moment elle eût pu croire la France perdue. La Bretagne et la Vendée étaient en feu ; les Autrichiens, vainqueurs à Nerwinde, avaient repris la Belgique ; Dumouriez, le héros de Valmy et de Jemmapes, accusé de trahison, venait de faire défection ; Valenciennes et Mayence avaient capitulé ; soixante départements s'étaient révoltés ; enfin Toulon avait été livré à la coalition, ce qui nous fit perdre treize vaisseaux et neuf frégates. Aussi héroïque au dehors que sanglante à l'intérieur,

(1) Jurien de la Gravière, *Guerres maritimes sous la République et l'Empire.*

la Convention fit tête partout. Douze cent mille hommes furent levés et répartis en quatorze armées ; le tribunal révolutionnaire et le comité de salut public institués ; la loi des suspects décrétée ; les Vendéens furent écrasés ; les départements rentrèrent dans le devoir ; Bonaparte reprit Toulon ; enfin Houchard repoussa les Anglais de Dunkerque, pendant que Jourdan battait les Autrichiens à Wattignies, près de Lille (1792), et par les victoires de Fleurus, de l'Ourthe et de la Roër, remportées en 1794, reconquérait la Belgique.

Malheureusement, les pertes coloniales recommencèrent. En 1793, les Anglais nous prirent Tabago, et nos établissements de Terre-Neuve et de l'Inde se rendirent presque sans coup férir. L'année suivante, Paoli leur livra la Corse ; la Martinique et Sainte-Lucie succombèrent ; à Saint-Domingue, ils s'emparèrent de Port-au-Prince. Nous ne pûmes opposer à ces succès que la destruction de leur colonie de Sierra-Leone. Enfin la première bataille navale engagée sous le pavillon tricolore ut à l'avantage de nos rivaux.

L'amiral Howe, avec trente-huit vaisseaux, croisait dans le golfe de Gascogne, pour capturer un convoi de grains parti de Saint-Domingue et fort de deux cents voiles. A force d'activité, le conventionnel Jean Bon Saint-André fit sortir de Brest vingt-huit vaisseaux, qui n'avaient guères pour équipages que des paysans à qui l'on apprit la manœuvre en route. Leur chef, Villaret de Joyeuse, d'une famille noble de Gascogne, avait servi sous Suffren. A cent lieues ouest d'Ouessant, c'est-à-dire par 16° environ de longitude, on rencontra la flotte ennemie. Après une première affaire sans importance (9 prairial), Villaret eut l'avantage dans un second combat livré le lendemain ; mais trois jours après, les deux armées s'étant rejointes, les Anglais, divisés en quatre colonnes d'attaque, obliquèrent sur la ligne française, au lieu de l'attaquer bord à bord, et, malgré la bravoure des républicains, percèrent le centre, et doublèrent la gauche qu'ils écrasèrent, tout en forçant la droite à demeurer spectatrice de la bataille, 13 prairial an II (1er juin 1794). Les Français perdirent quatre mille hommes et sept vaisseaux, parmi lesquels était le *Vengeur*, commandant Renaudin, qui résista héroïquement. De son côté, la flotte anglaise avait tellement souffert qu'elle fut obligée de regagner ses ports, et que le convoi de Vanstabel arriva en France sans obstacle.

Dans les premiers mois de l'année 1795, tandis que Villaret-Joyeuse perdait, sans combat, cinq vaisseaux, dans les coups de vent de la funeste croisière dite du grand hiver, Pichegru, avec des soldats à moitié nus, s'emparait, presque sans résistance, de la Hollande. C'est dans cette campagne que la flotte du Texel, entourée par les glaces, fut enlevée à l'abordage par un escadron de hussards que commandait Macdonald. Peu de temps après, le traité de Bâle, conclu avec la Hollande, la Prusse et l'Espagne, nous donnait, outre l'alliance hollandaise, la rive gauche du Rhin et la partie espagnole de Saint-Domingue.

Sur mer, plusieurs rencontres eurent lieu la même année. La première (13 mars), est celle du cap Noli, à l'ouest de Gênes, entre le contre-amiral Martin, qui avait treize vaisseaux, et Hotham, qui en commandait quinze. Deux vaisseaux, le *Ça-Ira* et le *Censeur*, furent abandonnés et pris par l'escadre anglaise. La seconde est le combat de Groix (23 juin), où Villaret perdit trois navires, en combattant l'amiral anglais Bridport. La troisième enfin, est le combat du cap Roux ou des îles d'Hyères (13 juillet), où Martin, n'ayant que dix-sept vaisseaux à opposer aux vingt-cinq d'Hotham, prit chasse. Les Anglais atteignirent l'arrière-garde, et s'emparèrent de l'*Alcide* qui sauta. Nous n'éprouvions pas de désastre, fait remarquer M. Jurien de la Gravière ; mais, nos arsenaux étant vides, la belle flotte laissée par Louis XVI se détruisait en détail, sans être renouvelée.

Pendant que la France luttait contre l'Europe conjurée, la Russie, la Prusse et l'Autriche consommaient la ruine de la Pologne. Un second partage avait déjà eu lieu en 1793 entre les deux premières puissances. L'Autriche fut admise au troisième, et le nom de Pologne fut effacé de la carte d'Europe (1795). Au prix de quelques avantages commerciaux obtenus de la Russie, l'Angleterre donna son consentement tacite à cette iniquité « crime politique sans exemple dans l'histoire(1). » Pendant ce temps-là, elle enlevait à la Hollande le Cap et la plupart de ses possessions des Indes Orientales.

A la Convention succéda le Directoire (de 1795 à 1799). Les succès merveilleux de Bonaparte en Italie dans la campagne de 1796, le soulèvement de la Corse qui chassa les Anglais, la destruction des pêcheries anglaises de Terre-Neuve par le contre-amiral Richery ; enfin l'affaire brillante du contre-amiral Sercey qui, avec une escadrille de six frégates

(1) Parole prononcée en 1833 par lord Palmerston, à la Chambre des communes.

légères, donna la chasse, dans le détroit de Malacca, à deux vaisseaux anglais, encouragèrent l'amiral Truguet, ministre de la marine, à tenter une invasion en Irlande. Une flotte de vingt-sept vaisseaux et frégates, montée par dix-huit mille hommes que commandait Hoche, partit de Brest. A la sortie même de la rade, le chef Morard de Galle se trouva séparé des siens par un coup de vent. La plupart des bâtiments parvinrent cependant à se rallier sous le pavillon du contre-amiral Bouvet, et arrivèrent dans la baie de Bantry sans avoir rencontré l'ennemi; mais une nouvelle tempête dispersa l'escadre dans cette rade ouverte, et plusieurs de ceux qui échappèrent au naufrage furent pris par les croisières anglaises. Aux Antilles, les Anglais s'étaient emparés de Saint-Vincent et de la Grenade.

En 1797, l'Autriche aux abois signa les préliminaires de Léoben. L'Angleterre à son tour allait se trouver dans l'isolement où avait été la France quatre ans auparavant. La Hollande et l'Espagne étaient convenues d'unir leurs flottes à la nôtre pour faciliter le débarquement d'une armée réunie à Boulogne sous le commandement du général Bonaparte. Une victoire de Jerwis sur l'amiral espagnol Cordova, près du cap Saint-Vincent, et une autre de lord Duncan sur le hollandais de Winter, en vue de Camperdown, près de la pointe du Helder, prévinrent cette jonction. Vers la même époque, les Anglais s'emparèrent de l'île Saint-Marcouf, à neuf milles de la Hougue, et s'y fortifièrent. De là, ils se portèrent sur le Havre. Repoussés avec perte, ainsi que d'Ostende, ils compensèrent ce double échec en enlevant l'île espagnole de la Trinité.

Ce fut alors que Bonaparte, qui venait de conclure
vec l'Autriche le traité de Campo-Formio, au lieu
e se prendre corps à corps avec l'Angleterre si bien
ardée par ses flottes, résolut de l'attaquer dans l'Inde,
ù Tippoo-Saëb avait recommencé la guerre, et, pour
 arriver, fit décider l'aventureuse expédition d'E-
ypte. La flotte française commandée par Brueys, et
omposée de soixante-douze bâtiments de guerre,
.ont treize vaisseaux et de quatre cents transports,
.artit le 19 mai 1798, emmenant une armée de
rente-six mille hommes, traversa lentement et heu-
eusement la Méditerranée, prit en passant Malte,
jui était entrée dans la coalition et qui fut à peine
léfendue par ses chevaliers, et enfin débarqua sans
ibstacle (le 1er juillet) dans l'anse du Marabout, à
'ouest d'Alexandrie.

Pendant que Bonaparte enlevait d'assaut la ville
l'Alexandre, battait les mamelucks aux Pyramides,
t s'emparait du Caire, le fameux Nelson, qui de-
juis plus d'un mois cherchait la flotte française, la
lécouvrit enfin le 1er août sur la côte d'Aboukir, à
'ouest du Nil. Bonaparte, en débarquant, avait donné
ordre à Brueys de ne pas attendre l'ennemi dans cette
·ade foraine, mais de se réfugier à Alexandrie ou à
Corfou. Ce dernier parti fut jugé impraticable, les
vivres et l'eau des vaisseaux touchant à leur fin.
L'autre répugnait à Brueys qui, en mouillant provisoirement dans la baie d'Aboukir, ordonna cependant une étude approfondie des passes qui con-
luisent au Port-Neuf. Une partie des équipages,
·rès incomplets d'ailleurs, était à terre quand Nelson parut. On fit à la hâte quelques préparatifs de
léfense, et les treize vaisseaux français s'embossèrent

dans la baie, à trois milles environ du rivage. Nelson avait onze vaisseaux, et devait être rejoint par trois autres. Quoiqu'il fût six heures du soir, il résolut d'attaquer sur-le-champ. La ligne française laissait à gauche une passe qu'on croyait impraticable, et qui n'était défendue que par un îlot armé de quelques pièces. L'amiral anglais fit passer audacieusement cinq vaisseaux entre cet îlot et la tête de flotte, prit ainsi entre deux feux la gauche et le centre des Français, et engagea l'action avec dix vaisseaux contre huit. Au bout d'une heure, les cinq vaisseaux de l'aile gauche française étaient à peu près hors de combat ; mais l'avantage restait au centre, composé du *Franklin*, de l'*Orient* et du *Tonnant*. Nelson avait été blessé ; son vaisseau, le *Vanguard*, très maltraité, et le *Bellérophon* se retirait de la ligne de bataille. Cependant l'obscurité commençait à envelopper les deux armées. C'est alors que Brueys fit signal à sa droite, composée de ses cinq meilleurs navires, et qui n'avait personne devant elle, de se rabattre extérieurement sur l'armée ennemie. Le signal ne fut pas vu, dit Ville-neuve qui commandait cette droite, et qui resta immo-bile. La lutte se prolongea toute la nuit avec un achar-nement sans exemple. Le commandant du *Tonnant*, Du Petit-Thouars, un combattant d'Ouessant, de la Gre-nade et des Saintes, après avoir eu successivement son bras droit, puis son bras gauche, et enfin une de ses jambes emportées par trois boulets, se fit mettre, dit-on, dans un baquet plein de son, pour avoir le temps de faire clouer son pavillon sur le mât, et son navire ne se rendit que le surlendemain de la bataille. Brueys, déjà atteint de deux balles, et qui avait refusé de quitter le pont, fut enlevé par un boulet. Son vaiseau, *l'Orient*, le seul trois-ponts des Français, prit eu et sauta ; un autre vaisseau fut coulé : neuf tombèrent au pouvoir de l'ennemi. Villeneuve s'enfuit à Malte avec le *Guillaume-Tell*, la *Diane* et la *Justice*. Le *Généreux*, commandant Le Joille, après avoir enlevé, sous Candie, le *Leander*, qui portait en Angleterre la nouvelle de notre désastre, parvint à gagner Corfou.

L'escadre anglaise comptait plus de neuf cents tués ou blessés, et six de ses vaisseaux étaient hors de service. De notre côté, nous avions perdu près de deux mille hommes, et il ne restait en Egypte qu'une division de frégates mouillée à Alexandrie. Le coup était terrible : Bonaparte enfermé dans sa conquête ; la Méditerranée devenue un lac anglais ; la Porte se déclarant contre nous ; enfin la coalition se reformant, tels sont les immenses résultats de cette bataille que les Anglais ont appelée la victoire du Nil.

Cependant le Directoire n'avait pas renoncé à attaquer l'Angleterre chez elle, et avait, dans ce but, armé deux divisions destinées à opérer sur les côtes de l'Irlande. Celle de Rochefort, commandée par le capitaine de vaisseau Savary, débarqua douze cents hommes dans la baie de Killala, à l'ouest de la grande baie Donegal. Celle de Brest, commandant Bompard, rencontra dans la baie de Long-Swilly, près du cap Malin, des forces supérieures. Attaqué par deux vaisseaux et deux frégates, le *Hoche* (1), seul vaisseau de

---

(1) Ce grand général, une des gloires les plus pures de la Révolution, venait de s'éteindre prématurément, à l'âge de vingt-neuf ans, le 15 septembre 1797. A vingt-quatre ans, il était déjà général en chef. En 1832, Versailles, sa ville natale, lui a érigé une statue.

l'escadre, se défendit quatre heures durant, et fut pris avec trois frégates : trois autres furent successivement capturées. L'une de ces dernières, la *Loire*, capitaine Ségond, soutint jusqu'à cinq combats avant d'amener ses couleurs.

Pour contrebalancer l'effet moral de la journée d'Aboukir, et rétablir les communications avec l'armée d'Egypte, le ministre de la marine Bruix se rendit à Brest, y arma en quelques mois vingt-cinq vaisseaux de ligne, prit seize mille hommes de troupes, et, bien que gardé à vue par l'amiral Bridport, s'éleva à plus de cent cinquante milles au large, et gagna le détroit de Gibraltar. Là, comme il se disposait à se réunir devant Cadix à l'armée navale espagnole, il aperçut une seconde flotte anglaise de quinze vaisseaux qui interceptait le détroit. Lord Keith qui la commandait s'enfuit. Bruix vint mouiller à Toulon, d'où il repartit pour ravitailler les côtes d'Italie ; puis évitant à son tour la flotte de l'amiral Keith qui s'était renforcée, il rejoignit celle de l'Espagne à Carthagène. Enfin il ramena cette flotte à Cadix, et revint à Brest sans avoir tiré un coup de canon, mais après trois mois d'une course qui rappelle la fameuse campagne du large de Tourville (25 avril-9 août 1799).

Quant à Bonaparte, que nous avons laissé enfermé en Egypte, il parut d'abord n'être nullement inquiet du retour. Il acheva de conquérir la terre du Nil, puis il passa en Syrie, où il échoua au siége de Saint-Jean-d'Acre, et revint au Caire. Les Turcs ayant essayé de reconquérir l'Egypte, protégés par une flotte anglaise, il les jeta à la mer par la victoire continentale d'Aboukir. Apprenant alors que l'Italie ve-

ait d'être perdue par les défaites de Magnano, de
Cassano, de la Trébie et de Novi, et que la France
était menacée sur ses frontières, il partit d'Alexandrie avec deux frégates, et aborda heureusement à
Fréjus. Quelques jours après, la France était sauvée
par les deux grandes victoires de Masséna à Zurich
et de Brune à Bergen en Hollande. Bonaparte n'en
renversa pas moins le Directoire (18 et 19 brumaire
an VIII, 10 et 11 novembre 1799). Huit mois plus
tard, le premier consul écrasait l'armée autrichienne
à Marengo en Piémont. L'Autriche vaincue d'un autre côté, à Hohenlinden en Bavière, par Moreau, traita
à Lunéville (Meurthe, 1801). La France obtint la
Toscane, qu'elle échangea avec l'Espagne contre la
Louisiane.

La coalition était encore une fois brisée. Mais tandis que l'Autriche versait son sang pour l'Angleterre,
celle-ci occupait Minorque, Foulepointe et Gorée;
s'emparait de La Valette, capitale de Malte, après
un siège de deux ans; envoyait en Egypte le vainqueur de Saint-Jean-d'Acre, Sidney-Smith, qui concluait avec Kléber la convention d'El-Arish, puis re-
perdait l'Egypte à la journée d'Héliopolis, pour avoir
voulu violer la capitulation; enfin dans l'Inde faisait
la conquête du Mysore sur Tippoo-Saëb, qui fut tué
en défendant Seringapatam.

Malgré ses succès, l'Angleterre n'en était pas moins
retombée dans l'isolement. Elle vit même, en 1801,
se reformer la neutralité armée de 1780, entre la
Suède, le Danemark, la Russie et la Prusse. Comme
elle possédait cent vingt-cinq vaisseaux de ligne, elle
n'abandonna point ses prétentions, et prit même
l'offensive, en attaquant Copenhague, avant que le

printemps n'eût dégagé les autres ports de la Baltique. Une flotte de vingt vaisseaux, commandée par Parker, et en sous ordre par Nelson, franchit donc le Sund le 30 mars, en rangeant la côte suédoise qui n'était pas fortifiée, et se présenta devant l'île d'Amak. Les moyens de défense du Danemark consistaient en dix vaisseaux — il n'y en eut que deux qui donnèrent, — quinze *blockshiffs* ou pontons, une batterie flottante et onze chaloupes canonnières, sans compter les batteries fixes et les forts. Nelson, avec douze vaisseaux, répéta la manœuvre d'Aboukir, en défilant audacieusement entre la flotte danoise, embossée au plus près de l'île d'Amak, et un banc de sable qu'il tourna par le sud. Quant à l'amiral Parker, il avait appareillé en même temps que Nelson; mais ayant contre lui le vent et le courant dans la direction qu'il tenait, il fut obligé de mouiller trop loin des batteries du nord. et ne put prendre part à la bataille (2 août). Elle fut meurtrière : les Danois firent la plus glorieuse résistance, et, après trois heures de feu, les vaisseaux anglais étaient tellement maltraités, que Parker effrayé fit signal à Nelson de cesser le combat. Mais celui-ci, avec le flegme britannique. mit la lorgnette sur l'œil qu'il avait perdu au siége de Calvi : « Je ne vois pas, dit-il, les signaux de Parker, » et il ordonna de continuer la lutte à outrance, tout en menaçant de faire sauter la ville. Le prince régent céda : encore quelques instants, et la flotte de Nelson se retirait à moitié détruite. Quelques jours après, la paix fut conclue. Le Danemark venait de recevoir la nouvelle de l'assassinat du czar Paul 1er, âme de la coalition. Alexandre, son successeur, abandonnait les droits des neutres. Il fallait se soumettre. La Prusse et la Suède

econnurent à leur tour le droit de visite, et la France
e trouva encore seule à lutter pour la liberté des
iers.

Cependant Bonaparte, depuis qu'il était au pou-
oir, s'était vivement préoccupé du sort de ses com-
agnons d'Egypte, et, au moyen de vaisseaux isolés
ui échappaient aux croiseurs anglais, il leur avait
nvoyé quelques secours. A la nouvelle du dépar‘
e Sidney-Smith, il fit partir de Brest Ganteaume
vec sept vaisseaux portant cinq mille hommes. Ses
rdres furent mal exécutés ; Ganteaume manqua d'au-
ace, et après six mois passés à courir la Méditer-
née pour éviter la flotte anglaise, il rentra à Toulon
ns avoir rien fait. Un second renfort, composé de
uatre bâtiments commandés par Linois, partit de
oulon pour rallier six vaisseaux espagnols à Cadix.
l'entrée du détroit, apprenant que sept vaisseaux
nglais, commandés par Saumarez, bloquaient Cadix,
ndis qu'il était lui-même suivi par l'escadre de
Warren, il se jeta dans la rade d'Algésiras, et s'y em-
ossa. Saumarez, qui voulait l'y forcer, fut contraint,
près six heures de feu, de se retirer à Gibraltar,
issant l'*Annibal* au pouvoir des Français (6 juil-
t 1801). Très maltraité lui-même, Linois, avec le
ncours de quelques vaisseaux espagnols qui étaient
nus le joindre, tenta de gagner Cadix. De là un
cond engagement qui eut lieu de nuit le 12 juillet,
où Saumarez, profitant du désordre de notre ligne,
mpara du *Saint-Antoine*. Désormais l'escadre al-
e était trop maltraitée pour songer à faire route
rs l'Egypte. Deux vaisseaux espagnols, le *Réal-
arlos* et le *San-Ermenigild*, se prenant pour enne-
is dans le désordre de la retraite, s'étaient canonnés,

XXXVII.   10

incendiés et engloutis. Le dernier épisode de la campagne fut un glorieux fait d'armes du commandant Troude, de Cherbourg. Laissé en arrière par l'escadre, à cause de l'état de délabrement du *Formidable*, qu'il montait, il se trouva au point du jour dans les eaux de la division anglaise, composée en ce moment de trois vaisseaux. Le premier fut écrasé et fit côte, le second s'enfuit en désordre; le troisième laissa le passage libre.

Menou, n'ayant plus de secours à espérer, évacua l'Egypte. Bonaparte revint alors à son projet de descente. Une flottille fut réunie à Boulogne, sous le commandemeut de La Touche-Tréville. L'Angleterre confia le soin de sa défense au vainqueur d'Aboukir, qui se vanta de détruire sans peine ces *coquilles de noix*. Nelson essaya, en effet, d'incendier Boulogne avec des machines infernales; il ne put ébranler la ligne d'embossage formée par l'amiral français au devant du port, et fut repoussé avec perte. Une seconde tentative, plus sérieuse et faite de nuit, ne réussit pas mieux. Cette flottille, dont on s'était tant moqué, parut alors formidable. Pour en éviter les atteintes, l'Angleterre se décida à conclure la paix, (25 mars 1802).

Au traité d'Amiens, la France conservait ses conquêtes continentales, et recouvrait, ainsi que l'Espagne et la Hollande, ses colonies, sauf la Trinité, cédée par la première; Ceylan, par la seconde. L'Egypte dut être restituée à la Porte; Malte, à ses chevaliers; les Ioniennes furent reconnues indépendantes. Les Français évacuèrent le Portugal, les Etats-Romains et Naples.

Le premier consul profita de cette paix, aussi glo--

rieuse qu'éphémère, pour réorganiser l pays. Tout était, pour ainsi dire, à créer dans la France nouvelle, à peine sortie du chaos de la Révolution et des maux de la guerre étrangère. C'est de cette époque, si féconde et si belle du Consulat, que date le réveil de l'agriculture, de l'industrie et du commerce de la France.

Quant à ce qui concerne le département de la marine, Bonaparte prit pour ministre Decrès, le commandant de l'escadre légère à Aboukir, administrateur intègre, énergique et actif, qui conserva son portefeuille pendant toute la durée de l'Empire. Le colonel Sébastiani fut envoyé dans le Levant pour renouer les relations commerciales de la France ; le géral Decaen et l'amiral Linois durent aller dans l'Inde pour rendre la vie aux débris de nos possessions coloniales ; enfin, l'expédition de Saint-Domingue fut résolue.

Depuis que le traité de Bâle avait cédé à la France la partie espagnole de l'île, un noir de génie, Toussaint dit Louverture, avait rétabli l'ordre et chassé les Anglais. Mais, comme il voulait se rendre indépendant de la métropole, une armée fut envoyée sous le commandement du général Leclerc, beau-frère du premier consul. La capture de Toussaint fut le seul succès de l'expédition. La fièvre jaune décima les Français ; Leclerc mourut ; son successeur Rochambeau échoua dans toutes ses entreprises, et la rupture avec l'Angleterre aidant les noirs, Haïti fut perdu pour la France.

Bonaparte envoya aussi les commandants Baudin et Hamelin, avec mission de reconnaître les côtes de la Nouvelle Hollande. Le voyage dura de 1800 à 1804. Baudin mourut, pendant l'expédition, à l'Ile de

France. On releva le littoral de l'Australie, depuis la baie des Chiens Marins jusqu'au détroit récemment découvert par l'anglais Bass. À la même époque, l'anglais Flinders explorait encore plus en détail ces mêmes côtes, et, à la faveur de l'occupation anglaise, les noms imposés par ce dernier l'ont emporté sur les noms français.

Malgré l'insuccès de l'expédition de Saint-Domingue, l'Angleterre, épouvantée de la rapide résurrection de la France, prétexta de l'annexion du Piémont et de l'île d'Elbe pour refuser d'évacuer Malte. En vain Bonaparte proposa de remettre l'île entre les mains du tzar. L'amirauté britannique y répondit en capturant douze cents bâtiments français de commerce ; c'était, disait-elle, l'usage de l'Angleterre, pour prévenir les hostilités, en enlevant à l'ennemi les moyens de faire la guerre. Bonaparte, en représailles, fit arrêter tous les Anglais qui se trouvaient en France, défendit de recevoir dans nos ports aucune marchandise anglaise, occupa les places maritimes du royaume de Naples, et mit la main sur le Hanovre, possession continentale de Georges III.

Depuis treize mois que la paix avait été signée, la France n'avait pu trouver le temps de réorganiser son matériel naval ruiné par dix ans de guerre de la République, et elle n'avait pas cinquante vaisseaux de ligne à opposer aux cent quatre-vingt-neuf que pouvait mettre en ligne l'Angleterre. Il est vrai que, par compensation, les derniers traités avaient étendu notre littoral d'Anvers à l'Adriatique. Mais ce qui nous rendait surtout inférieurs, c'est que depuis le 13 prairial, faute de confiance, nous nous étions constamment tenus sur la défensive.

Les flottes britanniques couraient les mers. Nos places maritimes de Fécamp, Granville, Dieppe, le Havre, Boulogne avaient été bombardées; Sainte-Lucie et Tabago, enlevées ; les autres colonies, menacées. Bonaparte resserra sa défense maritime. Il laissa les Mascareignes à la garde de Decaen, envoya des renforts aux Antilles, vendit aux Etats-Unis la Louisiane, et reprit son projet de descente, auquel il donna des proportions gigantesques. Les départements et les villes votèrent à l'envi des vaisseaux, ainsi que des canons et des bateaux pour la flottille qui, organisée par Bruix et composée de plus de douze cents bâtiments, arriva à devenir une armée. Les ports d'Ambleteuse, de Wimereux, de Boulogne et d'Etaples furent agrandis et fortifiés pour devenir le centre des armements. Outre le grand camp de Boulogne, six camps furent formés à Utrecht, Gand, Saint-Omer, Compiègne, Brest et Bayonne, chacun de vingt-cinq mille hommes. Des travaux furent commencés à Anvers, pour en faire le plus vaste arsenal de la marine française. Les Anglais, de leur côté, firent d'immenses préparatifs de défense. Ils garnirent de troupes et de batteries les bouches de leurs fleuves et toutes les baies, formèrent un camp de soixante mille hommes dans les comtés du midi, et préparèrent une levée en masse. Il fut encore ordonné de tout' ruiner sur le passage des troupes françaises, et d'obstruer le port de Boulogne en y coulant de vieux navires chargés de pierres (1).

L'Angleterre avait alors soixante vaisseaux de ligne bloquant nos côtes; mais cette immense supério-

(1) Th. Lavallée, *Histoire des Français*, tome IV.

rité navale ne la rassurant pas contre le génie ambi-
bitieux de Bonaparte, elle soudoya la conspiration
de Cadoudal, qui valut l'empire au premier consul.

2° *Le premier Empire (1804-1815).*

Proclamé le 19 mai 1804 et sacré le 2 décembre, Napoléon fut encore couronné roi d'Italie, le 26 mai 1805,
et réunit Gênes à la France. Pendant ce temps, Pitt,
rentré au ministère, dont il avait été momentanément écarté lors de la conclusion de la paix d'A-
miens, faisait déclarer tous les ports français de Fécamp à Ostende en état de blocus, et forçait l'Espagne,
qui voulait rester neutre, à se mettre de notre côté,
en lui enlevant en pleine paix quatre frégates qui
portaient six millions de piastres.

Dans la pensée de l'empereur, la flottille n'était pas
destinée à livrer une bataille navale à des bâtiments
de haut-bord : c'était avec des vaisseaux qu'il voulait s'ouvrir la Manche. Aussi, tandis que l'ennemi,
les yeux fixés sur Boulogne, oubliait les navires dis-
séminés dans nos autres ports, Napoléon travaillait
avec une activité prodigieuse à se donner une flotte.
Il excitait en même temps l'ardeur des marines espagnole et hollandaise, et formait un plan de campagne maritime, qui est un des plus grands efforts de
ce génie entreprenant; plan compliqué, mais dont
toutes les parties étaient combinées de manière à ne
laisser que peu de chances à la fortune. Trois flottes
rassemblées à Toulon, Rochefort et Brest, sous les
ordres de Villeneuve, de Missiessy et de Ganteaume,

eurent ordre de courir aux Antilles, et d'y jeter des renforts. Là, elles devaient recevoir des instructions pour se réunir et revenir en Europe, pendant que les Anglais, alarmés pour leurs colonies, lanceraient de toutes parts leurs escadres, et laisseraient ainsi la Manche libre.

Les trois amiraux français ne purent se concerter. Missiessy, parti le premier (11 janvier), à la faveur d'un coup de vent qui débloqua la rade de l'île d'Aix, débarqua des renforts à la Martinique, surprit la Dominique, ravagea Nevis, Saint-Christophe et Montserrat, et après quatre mois de croisière, ne recevant aucunes nouvelles de ses deux collègues, obéit à ses instructions qui lui prescrivaient de retourner à Rochefort. Villeneuve et Ganteaume, contrariés par les vents, ne partirent définitivement que deux mois plus tard. Encore ce dernier, rencontrant la flotte dè Cornwalis, revint à Brest, où il fut étroitement bloqué. Villeneuve, plus heureux, mit en défaut la vigilance de Nelson, rallia à Cadix sept vaisseaux espagnols, et, après bien des lenteurs, arriva aux Antilles. Il y apprit que Missiessy en était reparti, et que Ganteaume ne pouvait le joindre. Après qu'il eût enlevé le rocher du Diamant, forte position au sud de l'île, et que Missiessy avait négligé de reprendre aux Anglais, Napoléon lui envoya ses instructions définitives. Il devait rallier les quatorze vaisseaux franco-espagnols qui se trouvaient dans la péninsule, se joindre à Missiessy, débloquer Ganteaume, et avec soixante navires de haut-bord dont on lui donnait le commandement suprême, entrer dans la Manche et appuyer la descente. Si la flottille passait, c'était cent cinquante mille hommes commandés par l'empereur qui envahissaient le sol britannique (1).

Pour accomplir ce plan, il eût fallu l'audace de Nelson. Or, le vaincu d'Aboukir, tout brave et tout instruit qu'il fût, n'était pas à la hauteur d'une pareille mission. Il revint lentement au Ferrol, en capturant, chemin faisant, des bâtiments de commerce. A la hauteur du cap Finistère, il rencontra (22 juillet), l'amiral Calder avec quinze vaisseaux. Villeneuve était de beaucoup supérieur, puisqu'il en avait vingt. Néanmoins la bataille fut indécise, ou plutôt les vainqueurs laissèrent aux mains de l'ennemi deux vaisseaux espagnols. C'est le combat du Ferrol, qui fut aussi appelé l'affaire des Quinze-Vingts.

Villeneuve abattu rallia encore seize vaisseaux franco-espagnols à la Corogne ; mais, au lieu d'aller au-devant de l'escadre de Rochefort, qui le cherchait à Vigo, en Galice, il s'en revint au Ferrol, et s'y laissa bloquer par vingt vaisseaux. Napoléon, qui avait fini ses préparatifs, lui ordonna de cingler vers Brest, où Ganteaume devait livrer bataille pour se joindre à lui. Villeneuve sortit ; mais il perdit la tête, et, pour éviter une bataille avec trente-six vaisseaux contre vingt, il mit le cap au sud, s'en alla forcer la croisière anglaise de Cadix, et se réfugia dans ce port, où il fut bientôt bloqué par les forces réunies de Collingwood et de Calder, dont Nelson vint prendre le commandement.

A ce dernier coup, Napoléon fit lever les camps. L'Autriche, soudoyée par l'Angleterre, avait repris les armes. Les sept *torrents,* autrement dit les sept

---

(1) Th. Lavallée, **Histoire des Français**, tome IV.

orps de la grande armee échelonnée sur les côtes de France, firent volte-face et se précipitèrent sur l'Allemagne. La capitulation d'Ulm, la prise de Vienne, la bataille d'Austerlitz en Moravie, et le traité de Presbourg qui coûta à l'Autriche Venise, le Frioul, l'Istrie, la Dalmatie et le Tyrol, brisèrent en quelques semaines cette troisième coalition, à laquelle étaient venues se joindre la Prusse et la Russie. Mais l'Angleterre était sauvée, et elle avait eu sur mer, quelques semaines avant la France, sa journée d'Austerlitz.

Villeneuve, après sa retraite à Cadix, avait reçu ordre de rallier huit vaisseaux à Carthagène, et de se porter sur Naples. Napoléon lui commanda d'attaquer sans hésiter l'ennemi, partout où il le trouverait en forces inférieures, et d'avoir avec lui une affaire décisive. L'empereur, croyant que Villeneuve avait plutôt besoin « d'éperon que de bride, » exagérait ici sa pensée. Persuadé, en lui donnant cet ordre funeste, que sa pusillanimité l'empêcherait de le suivre, il avait secrètement expédié de Paris, avec commission d'amiral, le vice-amiral Rosily, pour remplacer Villeneuve, s'il trouvait encore la flotte à Cadix. Napoléon se trompait. Villeneuve, nous ne saurions trop le répéter dans l'intérêt de la vérité, était d'une bravoure incontestable. Ce qui avait jusque-là causé ses indécisions, c'était le mauvais état partout des vaisseaux espagnols, et la conviction, partagée par ses officiers, que, même avec des forces supérieures, il serait battu. Ce qui le détermina à combattre à tout prix, ce fut la colère de l'empereur, et l'injurieux soupçon qui ternissait son honneur. Il partit donc avec trente-trois vaisseaux, instruit de sa disgrâce, et, pour racheter ses fautes, décidé à livrer bataille, quand la bataille ne pouvait plus avoir ni but, ni résultat. « Si la marine française n'a manqué que d'audace, comme on le prétend, écrivait-il à Decrès, l'empereur sera prochainement satisfait. »

Le 21 octobre 1805, dit M. Jurien de la Gravière, dont nous abrégeons à regret le dramatique récit, trouva les deux armées à la hauteur du cap Trafalgar, à trente kilomètres sud-est de Cadix. Par une mer houleuse, symptôme d'une tempête imminente, une légère brise d'ouest-nord-ouest gonflait à peine les plus hautes voiles des vaisseaux. La flotte anglaise s'était partagée en deux escadres, d'après le plan arrêté par Nelson. Le *Victory*, vaisseau amiral, conduisait la colonne du vent composée de douze vaisseaux. Le *Royal-Sovereing*, également de 120 canons, commandé par Collingwood, marchait en tête de la seconde colonne, composée de quinze vaisseaux. La flotte combinée comptait dix-huit vaisseaux français et quinze espagnols. Le pavillon de Villeneuve était arboré à bord du *Bucentaure*, vaisseau de 80 ; celui de l'amiral Gravina, à bord du *Prince-des-Asturies*, de 112. Villeneuve avait développé sa ligne de bataille sur une étendue de plusieurs milles ; mais elle laissait un vide à peu près vers son milieu, parce que quelques vaisseaux, tombés sous le vent, n'avaient pu arriver à leur poste.

L'action s'engagea vers midi. Nelson, suivant sa tactique, porta droit à l'ennemi avec ses deux colonnes, par ordre de vitesse, coupa le centre et la gauche des alliés, et les enveloppa de telle sorte que vingt-trois de leurs vaisseaux se trouvèrent écrasés par vingt-sept vaisseaux anglais, pendant que la droite commandée par Dumanoir, restait éloignée, malgré les appels de Villeneuve, inutile par conséquent et exposée plus tard au feu de l'ennemi. Malgré l'acharnement des Français et des Espagnols, la victoire ne fut pas douteuse. Avant la nuit, plus de la moitié des vaisseaux s'étaient rendus ; la plupart de ceux-là succombèrent, criblés de boulets et couverts de gloire ; quatre s'enfuirent avec Dumanoir et furent pris quelques jours après, au cap Ortégal, par la division Stracham. Les neuf qui échappèrent se réfugièrent à Cadix, où, constamment bloqués, ils tombèrent, en 1808, entre les mains des réfugiés espagnols. Six à sept mille hommes périrent ; l'amiral Gravina fut blessé à mort ; Villeneuve, après des prodiges de valeur, fait prisonnier. Les vainqueurs eurent seize vaisseaux ruinés, et perdirent deux mille hommes. Parmi leurs morts se trouvait Nelson, aussi regrettable à lui seul qu'une armée. Une balle partie de la hune d'artimon du *Redoutable*, commandé par l'intrépide Lucas, lui avait brisé l'épine dorsale. Il vécut encore assez pour apprendre le triomphe des siens, et ses dernières paroles, bien caractéristiques, furent : « Dieu soit béni, j'ai fait mon devoir. »

« Mouillez l'escadre, dès l'action terminée, » avait encore dit le mourant, qui voulait attendre à l'ancre le coup de vent que chacun prévoyait. Mais la flotte anglaise avait tellement souffert, que Collingwood préféra passer la nuit sous voiles. Le vent étant passé au sud-sud-ouest, la tempête éclata, si violente, que l'armée anglaise perdit presque toutes ses prises. Le surlendemain, le capitaine Cosmao-Kerjulien, qui s'était « couvert d'honneur » pendant la bataille, osa reprendre la mer, sous l'impression sinistre d'un si grand désastre, et, avec douze bâtiments, se porta à la rencontre de l'escadre anglaise, à laquelle il reprit deux vaisseaux espagnols.

Pitt vit ce grand succès, mais il y survécut peu : Austerlitz le tua. Il n'avait que quarante-sept ans, comme Nelson. Son rival et successeur Fox inclinait à la paix ; malheureusement il mourut la même année, et la politique de Pitt fut continuée par Castlereagh, qui dirigea la guerre et les colonies jusqu'en 1822.

Cette grande victoire rendit l'Angleterre maîtresse définitive de l'Océan. Rassurée désormais contre toute tentative de descente, elle put, pendant que la France conquérait l'Europe, asseoir son grand empire indien, et acquérir sans réclamations quatre-vingts millions de sujets. L'empereur reconstitua néanmoins sa marine, et établit même en 1810 deux vaisseaux-écoles, le *Tourville* à Brest, et le *Duquesne* à Toulon ; mais renonçant aux grandes batailles, il concentra ses escadres dans ses ports, et ne permit plus que des croisières divisées et lointaines, où la bravoure de nos marins se consuma dans d'obscurs exploits.

Ce qu'il faut rappeler de cet injuste oubli, ce sont d'abord les opérations de Linois dans les mers de l'Inde. Pendant une première campagne qui ne dura pas moins de vingt-sept mois (1803-1805), et qui fut signalée par quantité de prises, il soutint avec honneur un combat de ses quatre bâtiments contre seize vaisseaux de la compagnie des Indes. La seconde, qui dura cinq mois, fut encore très préjudiciable au commerce anglais. Il fut moins heureux dans la troisième (1806), où le *Marengo* et la *Belle-Poule* furent pris par une division de sept vaisseaux anglais. C'est

ıssi à cette époque qu'il faut rapporter l'heureuse
oisière du contre-amiral Allemand qui, par son
ıbileté à dérober sa marche aux ennemis dans les
ers de l'Inde, fit donner à son escadre le nom d'*In-
'sible.* Le plus remarquable croiseur de l'empire est
Hermitte, qui s'était déjà signalé de 1797 à 1799 sur
Preneuse. Sorti de Lorient sur le *Régulus*, le
. octobre 1805, dix jours seulement après Trafal-
r, il commença dans l'Atlantique une campagne de
ıze mois, pendant laquelle il captura plus de cin-
ıante navires. Une des moins connues est une ex-
dition de 1806, à la fois militaire et scientifique.
ıe division composée de trois frégates et d'un brick,
us les ordres du commandant dunkerquois Leduc,
rtit de Lorient pour croiser dans les mers voisines
ı pôle boréal. Une des frégates, la *Guerrière*, fut
pturée au départ, et le brick au retour; mais la *Re-
ınche* et la *Sirène* s'élevèrent jusqu'au 80e paral-
e, sans pouvoir aborder au Spitzberg, relâchèrent
 Islande, où elles ruinèrent les pêcheries anglaises,
vinrent croiser sur les côtes d'Irlande, et enfin mouil-
ent en rade de Brehat (Manche), en septembre 1807.
ıurquoi faut-il qu'à côté de ces succès, nous ayons
mentionner encore un désastre, celui de Santo-Do-
ıngo (1806), où la division Leissègues, composée
 cinq vaisseaux, fut anéantie par les sept vaisseaux
 sir John Duckworth.
Cependant Napoléon ne désespéra pas encore de
rcer l'Angleterre à la paix. Après avoir dissous la
ıatrième coalition, en brisant d'un seul coup la mo-
ırchie prussienne à Iéna, et plus tard en battant les
ısses à Eylau et à Friedland, ce qui amena l'empe-
ur Alexandre à accepter, dans l'entrevue de Tilsitt,

son alliance et ses projets, il voulut fermer le continent, non plus seulement aux armes, mais même aux
marchands de l'Angleterre, et répondit à son blocus
maritime par le blocus continental, daté de Berlin (1806), véritables représailles, comme il le qualifiait lui-même (1). Les îles Britanniques étaient dé-
clarées en état de blocus, et tout commerce (ou cor-
respondance) interdit avec elles. Tout sujet anglais
arrêté sur le continent devenait prisonnier de guerre.
Toute propriété anglaise, toute marchandise anglaise
étaient considérées comme de bonne prise.

Pour que le blocus continental réussît, il fallait
que pas un Etat du continent ne restât l'allié de l'Angleterre. La Prusse et l'Autriche y avaient accédé,
avec la Russie, à Tilsitt : une nouvelle violation du
droit des gens y fit entrer le Danemark. Cet Etat, na-
guères encore victime de sa bonne foi, persistait à
garder la neutralité. L'Angleterre en vint jusqu'à le
sommer de lui livrer sa flotte jusqu'à la paix générale, et sur son légitime refus, investit Copenhague
par terre et par mer. La flotte anglaise, commandée
par l'amiral Gambier, bombarda la ville pendant
cinq jours, détruisit l'arsenal, et emmena soixante-
dix bâtiments, dont vingt vaisseaux de ligne (1). Le
gouvernement danois, justement indigné, conclut alliance avec la France, et lança contre le commerce
anglais ses corsaires.

Alarmées pour les droits des neutres, la Russie

(1) Une notification diplomatique, datée du 16 mai 1806,
avait déclaré bloqués les ports de France de Hambourg à
Brest. Le décret de Berlin est du 21 novembre.

(1) Le rocher d'Héligoland est resté aux Anglais comme
souvenir de cette injustice.

a Prusse et l'Autriche déclarèrent qu'elles en revenaient aux principes de la neutralité armée. L'Angleterre alors déclara leurs ports bloqués, et assujétit à une station chez elle, ainsi qu'à une imposition arbitraire sur leur chargement, les bâtiments des puissances neutres. A cette violence inouïe Napoléon répondit en déclarant dénationalisé, devenu anglais, et conséquemment de bonne prise, tout navire qui se serait laissé visiter par un croiseur anglais. C'est le décret de Milan (1807).

La Suède ayant resserré son alliance avec l'Angleterre, Napoléon l'abandonna à la Russie, qui lui prit la Finlande. Quant au Portugal, comme depuis le traité de Méthuen (1703), il s'appartenait bien moins qu'aux Anglais, il le fit occuper, sans coup férir, par Junot. Malgré les souffrances des neutres, le système continental était sur le point de réussir. A la grande voix de l'empereur, la France et le continent, devenus industriels, apprenaient à se passer des produits de l'Angleterre qui, sans alliés, sans commerce, regorgeait de marchandises qu'elle ne pouvait écouler. Notre ennemie fut sauvée par une faute capitale, que l'empereur a lui-même reconnue : l'occupation de l'Espagne. Napoléon fit abdiquer Charles IV et son fils Ferdinand, et les remplaça par son frère Joseph, acte d'autant plus impolitique que les colonies espagnoles, prenant fait et cause pour la métropole, ouvrirent leurs ports aux Anglais. C'était donc la ruine du blocus continental, attendu que Napoléon ne pouvait pas l'étendre aux deux Amériques.

Au surplus, le châtiment ne se fit pas attendre. Le général Dupont, qui avait été chargé d'aller dégager l'escadre de Rosily cernée à Cadix, arriva trop tard

pour la sauver, et enveloppé lui-même par l'insurrection, capitula à Baylen en Andalousie. Junot, isolé
en Portugal, se vit obligé de l'évacuer par la convention de Cintra, de sorte qu'il ne nous resta plus que
les pays au nord de l'Ebre. C'est alors que l'attitude
de l'Autriche devint menaçante. Pour la contenir,
Napoléon, dans l'entrevue d'Erfurth, abandonna la
Valachie et la Moldavie à son allié de Tilsitt, et vint
prendre le commandement de l'armée d'Espagne. Rien
ne put tenir devant les cent cinquante mille soldats que
l'empereur amenait du Rhin ; mais l'Autriche nous déclarant la guerre, rappela Napoléon au Danube. Lui
parti, le courage de nos soldats échoua contre le fa-
natisme politique et religieux de la péninsule, et l'insurrection, alimentée par l'or et les soldats de l'Angleterre, s'éternisa dans ce pays de montagnes.

Vainqueur, dans l'espace de cinq jours, à Abens-
berg, à Eckmükl et à Ratisbonne, Napoléon occupa
de nouveau Vienne. Arrêté un moment à Essling,
sur le Danube, il lui fallut une dernière et sanglante
victoire à Wagram pour imposer à l'Autriche la paix
dite de Vienne, qui lui enlevait trois millions et
demi de sujets, et l'isolait complétement de la mer. De
son côté, l'Espagne échappait à ses généraux, et le
Portugal restait à l'Angleterre, malgré les efforts suc-
cessifs de Soult, de Ney et même de Masséna, qui se
brisait contre les triples lignes de Torres-Vedras, éle-
vées par Wellington entre la rive droite du Tage et
l'Océan.

Au milieu de cette grande lutte continentale, l'histoire maritime doit recueillir le glorieux combat des
Sables-d'Olonne, livré, le 24 février 1809, entre le
commandant Jurien de la Gravière et le contre-amiral

Stopford. Une division de trois frégates était sortie de Lorient pour rallier l'escadre du contre-amiral Willaumez. Atteinte au mouillage des Sables par une division anglaise de six bâtiments, dont trois vaisseaux, elle força l'ennemi à se retirer après un combat de deux heures et demie.

Malheureusement, à deux mois de là, ce succès fut suivi d'un grand désastre dans la rade de l'île d'Aix. L'escadre du vice-amiral Allemand, composée de onze vaisseaux et de quatre frégates, était bloquée à l'embouchure de la Charente par les Anglais. L'amiral Gambier, pour incendier cette flotte au mouillage, convertit en brûlots une trentaine de bâtiments, et les lança de nuit contre la ligne française. Les divisions de canots et de chaloupes étaient trop faibles pour arrêter ces masses flottantes. Chaque commandant, pour sauver son vaisseau, coupa ses câbles, et alla s'échouer à la côte ou dans la rivière. Les Anglais prirent ou détruisirent trois vaisseaux. Quant au quatrième, le *Tonnerre*, commandant Laroncière, il eut du moins la gloire de s'abîmer sous les couleurs nationales. A la suite de cette affaire, dite des Brûlots, qui amena deux condamnations, dont une capitale, les vaisseaux français furent concentrés à Toulon, où les amiraux Ganteaume, Allemand et Émériau prirent successivement le commandement de l'escadre de la Méditerranée, et à Anvers, dont l'escadre avait été confiée, l'année précédente, à Missiessy.

Ce fut ce dernier arsenal, devenu entre les mains de l'empereur l'épouvantail de Londres, que les Anglais résolurent de détruire. Ils armèrent dans ce dessein jusqu'à quarante mille hommes et cent cinquante bouches à feu de gros calibre. Le tout fut embarqué sur quatre cents transports, convoyés par soixante-dix vaisseaux ou frégates. C'était sir Richard Stracham qui dirigeait les forces de mer, et lord Chatham, le frère aîné du dernier Pitt, qui commandait l'expédition. Sans se laisser intimider par cette *armada*, la plus grande du siècle, le vice-amiral Missiessy répondit de manœuvrer de manière à ne perdre ni son honneur, ni sa flotte. Les Anglais avaient abordé dans l'île Walcheren et bombardé Flessingue. Quand ils voulurent remonter l'Escaut, le fleuve était bordé de batteries, et la flotte en sûreté à Anvers. Il fallut se décider à faire retraite : elle fut désastreuse. La fièvre paludéenne des polders se joignit au feu des Français pour décimer l'armée britannique ; ils y perdirent plus de dix mille hommes. Missiessy défendait encore victorieusement Anvers, avec Carnot, en 1814.

Toulon était également préservé par le vice-amiral Emériau qui, pendant les trois ans qu'il exerça son commandement, manœuvra constamment en présence d'une flotte anglaise supérieure, et soutint contre elle plusieurs engagements partiels, à l'honneur et à l'avantage des Français. Quoique dénué de resssources, il rendit vaines toutes les tentatives de l'ennemi sur le littoral méditerranéen, et conserva au pays sa flotte et son arsenal.

Cependant, de temps à autre, nos corsaires, entre autres Robert Surcouf, de Saint-Malo, qui se distingua particulièrement dans les Indes, sous la République et sous l'Empire, faisaient encore des courses heureuses, et nos marins remportaient souvent l'avanage dans des combats de navire à navire. Mais comme nous n'avions pas d'escadres à la mer, les uns et les autres tombaient tôt ou tard entre les mains de l'ennemi, et, de 1809 à 1810, nous perdîmes nos colonies avec une rapidité désespérante. La Martinique se rendit la première, après une vigoureuse résistance de Villaret-Joyeuse, le vaincu du 13 prairial, contre des forces très supérieures, et bientôt après les alliés nous enlevèrent le Sénégal, Saint-Domingue et Cayenne. En 1810, ce fut le tour de la Guadeloupe et de la Réunion. L'Ile de France elle-même, jusque-là vierge de toute occupation ennemie, succomba, bien que sauvée une première fois par le glorieux combat du Grand-Port (23 août), où les commandants Duperré et P. Bouvet, avec une escadre formée en grande partie de prises anglaises, avaient enlevé ou détruit quatre frégates et, de plus, reconquis l'île dont nos ennemis s'étaient emparés par surprise. Attaqué peu après par soixante-dix voiles et dix mille hommes, le général Decaen capitula, après quatre mois de la plus honorable résistance. Perte à jamais regrettable, car les Anglais ne nous l'ont point rendue.

Malgré ces revers maritimes, le continent étant dominé par l'empereur, l'Espagne, lassée, allait probablement se rendre, et l'Angleterre était à bout de ressources, quand Napoléon commit sa plus grande faute peut-être, celle de rompre avec la Russie. Il était temps pour notre ennemi : un nouvel allié venait au secours de la France, trop tard il est vrai, et trop peu reconnaissant de l'appui que nous lui avions jadis prêté. En 1812, les Etats-Unis, dont le commerce souffrait du blocus, après s'être interdit tout trafic avec la France et l'Angleterre, avaient proposé de renouer leurs relations avec celle des deux puissances qui révoquerait ses édits. Napoléon s'empressa de déroger à son système en faveur de l'Union. De son côté, l'Angleterre n'ayant voulu abandonner aucune de ses prétentions, *Jonathan* ne craignit pas de se mesurer avec *John Bull*. L'Union, qui formait, à cette époque, dix-huit Etats, commençait à dépasser sept millions d'habitants. L'insubordination des milices amena d'abord sur terre quelques échecs, que compensèrent les brillants succès maritimes des *Yankees*. La marine naissante des Etats-Unis s'y couvrit de gloire, et ses corsaires firent subir au commerce anglais des pertes considérables. Sur ces entrefaites arriva la chute de Napoléon qui, amenant la paix, laissa sans solution la question de droit maritime, objet principal du débat.

Nous n'avons à raconter ici ni la guerre de Russie et cette fatale retraite qui amena la sixième coalition, et par suite la campagne d'Allemagne, ni la campagne de France, où le génie de Napoléon enfanta le miracle de sept victoires, dans l'espace de neuf jours, sans pouvoir retarder la chute de l'Empire. Mais il est bon de rappeler, en ce qui concerne la France et l'Angleterre. les traités de 1814 et de 1815, dont il ne restera plus bientôt, nous l'espérons, que le souvenir du mal qu'ils nous ont causé. Les premiers faisaient rentrer la France dans ses limites de 1792, moins le comté de Nice, mais avec quelques augmentations de territoire au nord et à l'est (par exemple la moitié de la Savoie), et avec ses colonies de la Martinique, de la Guadeloupe, de la Guyane, du Sénégal, de Bourbon et de Pondichéry. L'Angleterre gardait pour elle Tabago, Sainte-Lucie et l'Ile de France, sans compter Malte, cause ou plutôt prétexte de la utte, Héligoland, enlevé au Danemark, et le Cap, conquis sur la Hollande.

Les traités de 1815, provoqués par cet offensif retour de l'empereur, que l'on a désigné sous le nom de période des Cent-Jours, plus humiliants nécessairement que ceux de 1814, furent moins durs peut-être, si l'on songe que l'Allemagne demandait le démembrement de la France. Ils réduisirent le pays à ses limites de 1790, sauf pour le Comtat-Venaissin, Avignon, Montbéliard et Mulhouse qui nous furent reconnus. En revanche, notre frontière, dite de 1790, fut bréchée sur trois points des plus vulnérables, qui sont les trouées des Ardennes, des Vosges et de Béfort. La Savoie fut rendue au Piémont; les fortifications d'Huningue durent être démolies, sans pouvoir être rétablies; enfin la France paya plus d'un milliard d'indemnité de guerre, et entretint pendant trois ans cent cinquante mille hommes de troupes d'occupation sur son territoire. Relativement aux colonies, les traités de 1814 furent confirmés, sans aucun changement. Seulement les Ioniennes, dont le sort n'avait pas été réglé, furent mises sous la protection de l'Angleterre, qui les a conservées jusqu'en 1863, époque où elle s'est décidée à les réunir à la Grèce.

En résumé, ces traités donnaient la mer à l'Angleterre; la terre, à la Russie.

VII

PRINCIPAUX FAITS MARITIMES DEPUIS 1815 JUSQU'A NOS JOURS

1º *Sous la Restauration.* — Efforts de Louis XVIII pour reconstituer la marine. — Etablissement de l'école d'Angoulême. — Expéditions scientifiques. — Les Français chassés de Madagascar. — Intervention en Espagne. — Louis XVIII remplacé par Charles X. — Second voyage de Dumont d'Urville. — Intervention de la France, de l'Angleterre et de la Russie en faveur de la Grèce. — Bataille de Navarin. — Dévoûment de Bisson. — Expédition de Morée. — Expédition d'Alger. — Dernière tentative contre Madagascar.

2º *Sous le gouvernement de Juillet.* — Politique de Louis-Philippe. — Mesures concernant la marine. — Organisation de l'école navale. — Affaire du Tage. — Intervention en Belgique et en Italie. — Prise d'Oran et de Bougie. — Dernier voyage de Dumont d'Urville. — Affaire de Saint-Jean d'Ulloa. — Blocus des côtes Argentines. — Question d'Orient. — Affaire du droit de visite. — Prise de possession des Marquises. — Affaire du protectorat de Taïti. — Cession de Mayotte. — Etablissement de nouveaux comptoirs en Guinée. — Bombardement de Tanger et de Mogador. — Intervention anglo-française dans la Plata. — Démonstration contre Tamatave. — Destruction d'une flottille annamite par le commandant Lapierre.

3º *Sous la seconde République.* — Bombardement de Salé.

4º *Sous le second Empire.* — Prise de possession de la Nouvelle-Calédonie. — Guerre de Russie. — Bombardement d'Odessa. — Destruction des établissements russes du littoral caucasien. — Débarquement en Crimée. — Les Russes obstruent l'entrée de Sébastopol. — Attaque du 17 octobre.

— Ouragan du 14 novembre.— Hiver de 1854. — Opérations dans la Baltique, dans la mer Blanche, dans le Grand-Océan.— Chute de Sébastopol. — Dernières hostilités dans la mer Noire. — Paix de Paris. — Transformation de la flotte. — Expédition franco-espagnole en Cochinchine. — Participation de la marine à la guerre d'Italie. — Traité de commerce avec l'Angleterre, et rupture de notre pacte colonial.— Expédition anglo-française de Chine. — Reprise et fin des hostilités en Cochinchine. — La marine française dans la guerre du Mexique.

1° *Restauration* (1815-1830).

Après les traités de Vienne, on put croire un instant que c'en était fait à jamais de notre puissance navale. En effet, les charges d'une double invasion avaient obligé Louis XVIII de réduire de plus de moitié les crédits alloués à la marine. Au lieu de cent trente millions qu'on y avait dépensés en 1802, on se limita pendant plusieurs années à cinquante millions. Cependant le premier soin du roi, sitôt qu'il eut rétabli un peu d'ordre dans les finances, fut de chercher à reconstituer la flotte. Des cent trois vaisseaux de ligne que nous avions en 1814, il nous en restait environ soixante-dix, en assez mauvais état, il est vrai. On entretint ce nombre, et pendant les quinze ans que dura la Restauration, plusieurs expéditions furent entreprises pour relever l'honneur de notre pavillon.

La dignité de grand amiral, disparue avec l'ancienne monarchie, avait été rétablie par Napoléon en faveur de son beau-frère Murat. Louis XVIII la confia à son neveu le duc d'Angoulême, restaura en son honneur les gardes du pavillon amiral, supprimés en 1786, et remplaça les vaisseaux-écoles de Brest et de Toulon par l'école d'Angoulême. L'instruction des officiers continua d'être théorique et pratique; mais l'instruction théorique, précédant l'autre, devait être donnée au collége royal de marine; l'instruction pratique, dans les ports et sur des corvettes dites d'instruction.

Les guerres napoléoniennes avaient interrompu à peu près complétement les expéditions scientifiques : le rétablissement de la paix leur donna une nouvelle activité. Ne pouvant nommer tous les navigateurs qui ont fourni à cette époque leur contingent à la science géographique, nous citerons seulement pour la France : Freycinet, l'ancien compagnon de Baudin et d'Hamelin, qui partit, en 1817, sur l'*Uranie* pour un voyage de circumnavigation, terminé en 1820 par son naufrage aux Malouines, et le capitaine Duperrey, ancien officier de l'*Uranie*, aujourd'hui membre de l'Institut et de la commission des Phares, qui, aidé de Dumont d'Urville, entreprit, de 1822 à 1825, sur la *Coquille*, un voyage autour du monde, recommandable, comme le précédent, par d'importants travaux hydrographiques, et par des observations astronomiques relatives au magnétisme terrestre.

Depuis 1642, époque de notre premier établissement à Madagascar, nous n'avons pas cessé de prétendre des droits de possession et de suzeraineté sur ce petit continent. Mais les comptoirs que nous y avons établis à plusieurs reprises n'ont jamais réussi. En 1814, l'Angleterre nous les rendit, non sans difficultés : en même temps elle prit sous son patronage Radama, roi d'Ankowa, le plus puissant Etat de l'intérieur. Avec leur secours, celui-ci parvint à sou-

nettre la plupart des peuples de l'île, s'en déclara
eul roi, incendia Tintingue, et nous chassa du fort
Dauphin. Le gouvernement français envoya en 1821
une expédition ; telle fut la mortalité parmi les
roupes qu'il fallut renoncer à l'occupation de Tintingue, base de toutes les opérations, et se contenter de
a petite île de Sainte-Marie, que nous avons encore.

En Europe, Louis XVIII, voyant dans les troubles
de l'Espagne une occasion de replacer la France au
rang des puissances militaires, se fit désigner par le
Congrès de Vérone pour rétablir dans la plénitude de
son pouvoir Ferdinand VII, renversé par ses propres
sujets. Une flotte de soixante-sept bâtiments bloqua
les côtes de la Péninsule. L'armée de terre, forte de
soixante mille hommes, arriva sans opposition à Madrid. Les Cortès avaient conduit le roi à Cadix. Pour
réduire cette place, le concours de la flotte était nécessaire. Le contre-amiral Duperré bombarda le fort
Santi Petri, et la ville de Cadix se rendit après huit
jours de résistance (23 septembre —1ᵉʳ octobre 1823).
Ferdinand VII nous en remercia en donnant le monopole du marché espagnol à l'Angleterre, restée spectatrice de la guerre.

En 1824, Louis XVIII mourut, et fut remplacé par
son frère Charles X. La politique de ce prince avait
consisté à louvoyer au milieu des luttes de parti
qu'entraînait l'établissement disputé du gouvernement
constitutionnel, tantôt défendant la Charte contre les
partisans de l'ancien régime, tantôt, au contraire,
se rejetant avec ceux-ci dans la réaction. A peine
roi, Charles X, qui se croyait appelé à faire re-
vivre en France la monarchie absolue, commença
une série de mesures impolitiques devant avoir pour

résultat d'amener six ans plus tard la chute de sa dynastie.

A l'extérieur, le règne de Charles X ne fut pas sans gloire. D'après ses ordres, Dumont d'Urville, nommé capitaine de frégate au retour de son premier voyage, fut chargé en 1826 d'explorer l'Océanie, et en même temps de rechercher le lieu où avait péri Lapérouse. C'est ce qu'indique le nom d'*Astrolabe* qui fut donné à la *Coquille*. Dans ce second voyage, Dumont d'Urville compléta l'étude des îles Viti, confirma l'existence du groupe Loyalti, dont la France vient de s'emparer en 1864, et, guidé par les renseignements du capitaine anglais Dillon, aborda à Vanikoro, dans l'archipel de Santa-Cruz. Il y recueillit les débris des vaisseaux de Lapérouse. Il parcourut encore la côte méridionale de la Nouvelle-Bretagne, visita les Carolines, et revint en 1828, rapportant soixante-cinq cartes et plans, ainsi que des milliers de dessins et planches anatomiques.

Pendant que Dumont d'Urville montrait ainsi dans les mers du Sud le pavillon de la France, celle-ci faisait cause commune avec la Russie et l'Angleterre pour soutenir la Grèce, révoltée depuis six ans contre l'oppression turque, et à bout d'héroïsme. Les trois puissances, après avoir inutilement proposé leur médiation à la Porte, avaient pris la résolution de l'imposer. En conséquence, les escadres combinées, composées de dix vaisseaux et d'autant de frégates, s'étaient réunies sur les côtes du Péloponèse. Cent vingt bâtiments de guerre et de transport se trouvaient en ce moment à Navarin, au sud-ouest de la Morée. Les alliés décidèrent d'entrer dans la rade, d'en prendre possession et de signifier à la flotte turco-égypienne d'avoir à se séparer immédiatement. Celle-ci ormait une double ligne d'embossage, disposée en 'er-à-cheval, c'est-à-dire suivant les contours de la paie. L'entrée du goulet méridional, le seul accessible, Stait défendu par un fort et des batteries. La flotte anglo-franco-russe entra sans résistance, car la guerre n'était pas encore déclarée. Mais quand les cinq escadres furent bord à bord dans cet étroit bassin, il suffit de quelques coups de fusil partis des vaisseaux musulmans pour que le combat s'engageât, et il devint bientôt général. Il fut décisif : en moins de trois heures, une centaine de bâtiments furent détruits par le feu supérieur des alliés ; le reste se jeta à la côte, et fut incendié par les Turcs, qui perdirent en cette circonstance plus de six mille hommes. Les trois navires amiraux, la *Sirène*, de Rigny ; l'*Asia*, de Codrington, commandant en chef, et l'*Azof*, d'Hayden, furent les plus maltraités ; toutefois, les pertes ne dépassèrent pas, pour toute l'armée, cinq cents morts (20 octobre 1827).

Pendant que le sang des alliés coulait pour la cause des Grecs, de nombreux pirates de cette nation écumaient les mers de l'Archipel. Un officier français, Bisson, en fut la victime. Chargé du commandement du *Panayoti*, brick grec qu'on avait capturé, il fut assailli par deux grands misticks, dans l'île de Stampalie, une des Sporades, et, se voyant dans l'impossibilité de défendre, avec ses quinze hommes, son bâtiment envahi par une centaine de ces forbans, il se fit sauter (4 novembre). La ville de Lorient lui a érigé une statue.

Pour achever la délivrance de la Grèce, il fallait encore forcer l'armée égyptienne d'évacuer la Morée.

La France se chargea de cette expédition. Un corps d'armée de douze mille hommes, commandé par le général Maison, débarqua dans le golfe de Coron et traversa toute la presqu'île, sans éprouver de résistance. Le château de Morée, fort situé à l'entrée du golfe de Lépante, se défendit seul pendant quatre heures. L'année suivante, la Turquie reconnaissait l'indépendance de la Grèce.

L'année même de Navarin, Alger avait été bloqué par la France, à l'occasion d'une insulte faite par le dey Hussein à notre consul. Au bout de trois ans, le dey se refusant à toute réparation, Charles X résolut l'expédition d'Alger. Une armée de trente-sept mille hommes, commandée par le général Bourmont, ministre de la guerre, montée sur une flotte de cent trois bâtiments de guerre, dont sept *à vapeur* (1), et de plus de cinquante navires de commerce aux ordres du vice-amiral Duperré, partit de Toulon le 25 mai 1830, débarqua trois semaines plus tard dans la petite baie de Sidi-Ferruch, s'empara d'Alger le 5 juillet, et l'année suivante, d'Oran. Le dey eut la vie sauve, et dut abandonner ses Etats. Ainsi la Méditerranée fut à jamais purgée des pirates qui l'infestaient depuis plus de trois siècles, et l'esclavage des chrétiens fut aboli, comme aussi le tribut que les puissances européennes payaient annuellement à la Régence.

A Madagascar, Radama était mort en 1828, laissant le pouvoir à sa femme Ranavalo, dont le premier acte

---

(1) Voir ce que nous avons dit, dans l'avant-propos, sur l'application de la vapeur à la navigation. Le premier bâtiment à vapeur qui ait donné de bons résultats, fut le *Sphinx*, de 160 chevaux, qui apporta en France la nouvelle de la prise d'Alger.

avait été de chasser tous les Européens de l'île. Charles X voulut profiter de cette circonstance pour venger l'honneur national. En 1829, le commandant Gourbeyre partit de France avec deux frégates, deux corvettes et deux bricks. Il débarqua à Tintingue, emporta d'assaut Tamatave, et compensa l'échec de Foulepointe en s'emparant de Pointe-Larrée. Malheureusement, faute de secours, il ne put poursuivre ses succès, et la révolution de 1830 ayant laissé l'expédition dans l'abandon, il fallut, l'année suivante, évacuer complétement le littoral.

2° *Gouvernement de Juillet* (1830-1848).

En 1829, il avait encore été question, entre la France et la Russie, d'une alliance étroite qui eût donné : à la France, le Rhin ; à la Russie, Constantinople. Repoussé par Nicolas qui ne voulut jamais le reconnaître, le chef de la branche cadette des Bourbons, préoccupé du soin de se maintenir sur le trône et de continuer la conquête de l'Algérie, se tourna, comme l'avaient fait jadis le régent et Fleury, du côté de l'Angleterre, et sacrifia à cette alliance, sinon notre marine, du moins parfois la dignité du pays. La révolution de 1830 avait ébranlé la plupart des trônes de l'Europe. Louis-Philippe acceptant le principe de la non intervention, posé par l'Angleterre, refusa la Belgique soulevée contre la Hollande, et n'augmenta pas d'abord l'effectif de la flotte. Il supprima seulement la dignité de grand amiral, et, en retour, créa trois places d'amiraux qui furent assimilés aux maréchaux de France. Le premier amiral de la dynastie nouvelle fut Duperré.

On s'occupa aussi d'organiser définitivement l'école navale flottante, établie depuis trois ans à Brest sur le vaisseau l'*Orion*, concurremment avec le collége d'Angoulême, ainsi réduit au rôle d'école préparatoire. Celui-ci fut supprimé définitivement le 1er novembre 1830, et l'école de Brest prit le titre d'École navale. C'est celle qui subsiste encore aujourd'hui.

A l'extérieur, le premier différend du nouveau règne fut l'affaire du Tage. En 1831, le Portugal était opprimé par un despote nommé don Miguel, qui avait enlevé la couronne à sa nièce dona Maria. A plusieurs reprises, des Français établis à Lisbonne avaient été victimes de ses fureurs. Une dernière insulte, non suivie de satisfaction, demandait une réparation éclatante. Le contre-amiral Roussin se présenta devant l'embouchure du Tage avec six vaisseaux et quatre frégates, en força l'entrée réputée infranchissable, réduisit les forts et emmena comme gage de soumission la moitié de l'escadre miguéliste.

L'Angleterre, outragée elle-même par D. Miguel, avait laissé la route libre à la France. Elle la laissa également intervenir en Belgique, une fois délivrée, par l'avénement de Léopold, de la crainte de voir un prince français sur l'Escaut. Pendant qu'une escadre bloquait ce fleuve, le maréchal Gérard chassa les Hollandais d'Anvers, aprés un siége mémorable qui dura trois semaines (29 novembre-23 décembre 1832). A l'égard de l'Autriche, pour contrebalancer l'influence allemande dans la péninsule italienne, le gouvernement français fit occuper, la même année, le port d'Ancône dans l'Adriatique, et refusa de l'abandonner tant qu'il y aurait des troupes autrichiennes

lans les États du pape. Nous y sommes restés jus-
ju'à la fin de 1839.

Cependant, la conquête d'Alger et d'Oran n'avait
pas entraîné la soumission de la Régence. Un jeune
chef arabe, nommé Abd-el-Kader, s'était fait reconnaître vers la fin de 1832 par plusieurs tribus, et
avait proclamé la guerre sainte. Les Kabyles, d'ailleurs, se croyaient affranchis de toute domination.
En 1833, une expédition fut dirigée contre Bougie.
Elle se composait d'environ douze mille hommes de
troupes, commandées par le maréchal de camp Trézel,
et d'une division navale, sans compter les transports,
aux ordres du commandant Parseval-Deschênes. Le
débarquement s'opéra sous le feu de la division, et
la place fut emportée d'assaut par les troupes de terre
et des détachements de marine (29 septembre).

En 1837, Dumont d'Urville partait pour son troisième et dernier voyage de circumnavigation, avec
les deux frégates l'*Astrolabe* et la *Zélée*. Après avoir
visité la partie orientale du détroit de Magellan, il se
dirigea vers les régions australes, et y découvrit les
terres Louis-Philippe et Joinville, sous le méridien
des Malouines. De graves avaries et le scorbut qui
sévissait sur les équipages l'ayant forcé de revenir
dans les climats tempérés, il alla mouiller au Chili,
d'où il repartit pour l'Océanie, qu'il parcourut dans
tous les sens pendant plus d'un an. Le 1er janvier 1840, alors qu'on eût pu croire l'expédition terminée, il retourna au pôle sud, et y découvrit encore
les terres Adélie et Clarie, au sud de l'Australie et
dans le voisinage du méridien magnétique austral.
Enfin, il visita encore plusieurs points de l'Océanie,
revint en France le 6 novembre 1840, après trente-

huit mois d'absence, et fut nommé contre-amiral.

Deux ans plus tard, ce navigateur qui avait parcouru plus de la moitié des mers qui couvrent le globe, périssait d'une mort affreuse dans la catastrophe du chemin de fer de Versailles.

Au Mexique de nombreuses violences commises sur nos nationaux motivèrent l'expédition de 1838. Une escadre de quatre frégates et de dix-sept bâtiments inférieurs, commandée par le contre-amiral Baudin, ruina le fort de Saint-Jean d'Ulloa, opéra un débarquement en terre-ferme, et emporta d'assaut la Vera-Cruz. Expédition brillante, sans aucun avantage matériel.

A la Plata, les mêmes injustices donnèrent lieu, la même année, au blocus de Buenos-Ayres. Le capitaine de corvette Daguenet, chargé par le contre-amiral Leblanc d'attaquer l'île de Martin-Garcia, qui commande le confluent de l'Uruguay, s'en rendit maître, malgré une très vive résistance. En 1839, un autre officier du même grade, Ch. Pénaud, envoyé par le contre-amiral Dupotet dans le Parana, y bombarda la ville de Rosario. Cependant, comme le blocus se prolongeait, le vice-amiral Mackau vint renforcer l'escadre pour frapper un coup décisif. Rosas effrayé se soumit (1840).

Encouragé par le succès qui avait accompagné jusque-là ses entreprises, Louis-Philippe avait confié à l'amiral Lalande l'escadre de la Méditerranée. A la même époque, le prince de Joinville faisait mettre à l'étude l'emploi de la vapeur, cet agent nouveau dont nous avions fait, pour la première fois, l'essai à Alger. Mais alors la jalousie de l'Angleterre se réveilla et se fit sentir : en Océanie, où elle s'empara de la Nouvelle-Zélande, au moment où nous allions y faire flotter notre pavillon ; en Orient, où elle occupa Aden, à l'entrée de la mer Rouge, et forma une coalition contre la France que le traité de Londres (15 juillet 1840) mit en dehors du concert européen. Il s'agissait de punir le vice-roi d'Egypte des sympathies qu'il nous avait inspirées. Une flotte anglaise, commandée par sir Ch. Napier, bombarda Beyrouth et Saint-Jean-d'Acre. Méhemet-Ali, abandonné par nous, dut se soumettre. Pour se consoler de cet affront, Louis-Philippe entoura Béfort, Lyon et Paris de fortifications redoutables. D'un autre côté, l'Angleterre, qui s'effrayait du protectorat de la Russie sur Constantinople, se rapprocha de la France, et la convention des détroits, conclue en 1841, ferma le Bosphore aux navires des cinq grandes puissances.

La même année, le cabinet des Tuileries se délia envers celui de Saint-James de l'engagement du droit de visite réciproque, qui tendait à la réalisation d'un bon principe, mais par des moyens détestables, et qui rencontra d'ailleurs, dans l'application, d'insurmontables obstacles. En 1814, la France et l'Angleterre avaient pris l'engagement de travailler à la répression de la traite des nègres. Celle-ci avait organisé une police maritime, et, au moyen de traités, s'était fait reconnaître par plusieurs puissances le droit de visiter leurs vaisseaux. Deux conventions, conclues avec la France en 1831 et 1833, avaient réglé l'application d'un droit de visite mutuel. Mais des abus ayant été commis par l'Angleterre dans l'exercice de ce droit, les Chambres se prononcèrent énergiquement contre un troisième traité, celui de 1841, et la convention de 1845 limita le droit des croiseurs étrangers à une simple enquête du pavillon, avec signalement en cas de soupçon, au croiseur national. C'est encore dans ce sens que sont rédigées les instructions provisoires de 1859, au sujet de la vérification du pavillon des navires suspects.

Comme l'orgueil du pays avait été profondément blessé par les événements de 1840, le contre-amiral Du Petit-Thouars reçut l'ordre d'occuper les Marquises. C'est un archipel stérile : l'Angleterre ne s'y opposa point. Quand celui-ci voulut y ajouter Taïti, dont la reine s'était mise sous notre protectorat, il en fut tout autrement. Quelques missionnaires anglais s'étaient établis dans l'archipel : l'un d'eux, Pritchard, excita les indigènes contre nous. Du Petit-Thouars chassa alors les missionnaires et occupa Taïti au nom de la France. Il fut désavoué, et Louis-Philippe s'en tenant à l'exécution du traité passé avec Pomaré, se contenta du protectorat de France sur ce petit groupe.

Deux opérations meilleures s'accomplissaient, vers la même époque, en Afrique. En 1842, le dernier sultan de Mayotte nous cédait cette île, importante position navale dans une mer où nous manquons de ports, et, l'année suivante, le capitaine de corvette Bouet-Willaumez fondait les comptoirs de Grand-Bassam, d'Assinie et de Gabon, destinés tout à la fois à assurer l'extinction de la traite, et à protéger notre commerce sur la côte occidentale d'Afrique.

Cependant la guerre d'Algérie se prolongeait, grâce à cette circonstance que, ne pouvant envahir le pays, soit par la Tunisie, soit par le Maroc, nous étions obligés d'attaquer de front la triple ligne de l'Atlas. En 1844, l'empereur du Maroc s'étant déclaré pour Abd-el-Kader, le prince de Joinville avec une escadre détruisit les batteries de Tanger, et quelques jours après, pendant que le général Bugeaud battait les Marocains à Isly, bombarda l'île et le port de Mogador. Abd-el-Raman demanda la paix.

En 1845, la république argentine fut de nouveau châtiée, cette fois par les forces combinées de la France et de l'Angleterre, pour avoir voulu s'emparer de l'Uruguay, État reconnu par les deux puissances. Une escadrille combinée, commandée par le capitaine de vaisseau Tréhouart, remonta le Parana jusqu'au lieu dit Punta-d'Obligado, situé un peu au-dessus de son confluent avec l'Uruguay, força une estacade, battit complétement les troupes argentines ; et, à la suite de longues négociations qui ont duré jusqu'en 1850, établit la libre navigation de la Plata.

Cette même année 1845, de nouvelles violences commises par le gouvernement de Ranavalo sur les traitants français et britanniques, décidèrent les commandants de la station orientale des côtes d'Afrique, Romain-Desfossés et William Kelly à faire une démonstration contre Tamatave. Faute de moyens suffisants, les Anglo-Français furent obligés de se rembarquer sans avoir pu emporter le fort. Mackau, ministre de la marine, voulait rétablir le prestige de nos armes : les Chambres de 1846 se prononcèrent contre l'expédition, et, à notre prière, l'Angleterre de son côté consentit à ne pas la renouveler.

Le dernier fait maritime du règne de Louis-Philippe fut la destruction de la flottille de l'empereur annamite Thieu-Try, prédécesseur de Tu-Duc. En 1847, la France ayant réclamé inutilement la mise en liberté d'un de ses missionnaires, le commandant Lapierre se présenta dans la baie de Tourane avec une frégate et une corvette. Cerné par les Annamites, il recourut à la force, et dans l'espace de deux heures, les cinq bâtiments qui formaient à peu près la moitié de la marine cochinchinoise furent anéantis.

3° *Seconde République* (1848-1852).

La révolution de 1848, qui imprima, comme celle de 1830, une violente secousse à toute l'Europe, ne donna lieu en France qu'à deux expéditions maritimes. La première est celle qui transporta à Civitta-Vecchia les troupes destinées au siége de Rome ; la seconde, en 1851, fut dirigée contre le Maroc. Un brick de commerce français, échoué devant Salé, avait été pillé sous les yeux des autorités du pays, et Abd-el-Raman s'obstinait à refuser toute réparation. Le 25 novembre, le contre-amiral Du Bourdieu mouilla devant Salé. Un seul vaisseau, le *Henri IV*, deux frégates et deux avisos légers composaient toute la division. L'affaire fut conduite avec vigueur et habileté. Après sept heures de bombardement, les forts se turent, et la ville fut à moitié détruite. Le Maroc accorda les satisfactions demandées.

4° *Second Empire.*

Le second Empire fut inauguré à l'extérieur par la prise de possession de la Nouvelle-Calédonie, île sauvage découverte par Cook en 1774 et explorée par d'Entrecasteaux en 1792. Une mission catholique y avait été fondée en 1844 ; neuf ans plus tard, le contre-amiral Febvrier-Déspointes y arbora le pavillon tricolore.

En 1854, la question d'Orient reparut, et la grande uerre succéda à quarante années de paix générale. l'empire russe, fondé par Pierre le Grand, agrandi ar Catherine II, après avoir humilié la fortune de Napoléon Ier, sous Alexandre, était arrivé à son apo- ée sous Nicolas. L'affaiblissement de plus en plus narqué de la Turquie semblait promettre à la Russie, ans un avenir prochain, Constantinople, ce rêve ternel des czars. Le 3 juillet 1853, les troupes russes ranchirent le Pruth; le 30 novembre, l'amiral Na- himoff détruisait une escadre turque dans la baie de Sinope. L'Angleterre, puis le Piémont, conclurent une alliance offensive et défensive avec la France, pour protéger l'intégrité de l'empire ottoman.

Avant de songer à frapper la Russie sur les divers points du globe où elle est vulnérable, il fallait tout d'abord sauver Constantinople. Aussi, dès les pre- miers jours de janvier 1854, l'escadre anglo-fran- çaise, commandée par les amiraux Dundas et Hame- lin, entrait dans la mer Noire et en prenait posses- sion, pendant que la diplomatie essayait encore de maintenir une paix impossible. Quand la guerre fut déclarée, le gouverneur d'Odessa accueillit à coups de canon un pavillon parlementaire anglais. Une divi- sion de huit frégates alliées, chargée de tirer ven- geance de cette insulte, détruisit le port impérial d'Odessa et les bâtiments qui y étaient mouillés, tout en épargnant le port de commerce et la ville (20 avril).

Cinq jours plus tard, les escadres se dirigèrent vers la Crimée. Le nœud de la question était à Sébastopol. Il fallait que cet arsenal, fortifié en silence depuis plus de vingt ans, fût détruit pour que l'équilibre pût être rétabli dans la mer Noire. Les alliés s'attendaient à une bataille navale devant le port; mais la flotte russe avait ordre de n'en pas sortir. Les amiraux, n'étant pas en mesure de forcer Sébastopol, envoyèrent une escadre pour détruire les établissements russes du littoral caucasien.

Pendant ce temps, Constantinople avait été mis à l'abri d'un coup de main, et les Russes s'étaient vus repoussés de Silistrie par les Ottomans. On prépara tout pour un débarquement en Crimée. La flotte combinée partit de Varna le 4 septembre. Le 13, on jetait l'ancre dans la baie d'Eupatoria, au nord de Sébastopol. Le débarquement dura deux jours, et s'effectua avec un plein succès, sans que les Russes y eussent mis obstacle.

Retranché au sud d'Eupatoria, derrière la petite rivière de l'Alma, le prince Menschikoff attendait les alliés dans une position formidable. Il n'en fut pas moins culbuté par le maréchal Saint-Arnaud. Malheureusement, nous n'avions pas encore de cavalerie pour achever la défaite. Les Russes, retirés à Sébastopol, coulèrent à l'entrée de leur port cinq vaisseaux et deux frégates, presque la moitié de leur flotte. Cette détermination amoindrissait de beaucoup la coopération active des escadres. Le plan d'attaque fut donc changé, et l'on résolut d'assiéger Sébastopol par son côté faible, c'est-à-dire par le sud, en tournant les positions de l'ennemi. C'est alors que Saint-Arnaud, vaincu par la maladie dont il mourut peu après, remit le commandement au général Canrobert.

Cependant l'armée était arrivée à Sébastopol. La tranchée fut ouverte le 9 octobre, et l'ouverture du feu eut lieu le 17, par terre et par mer. Cette preière attaque fut sans résultat. Les canons de la flotte usse, par suite de l'encombrement de la passe, conouraient à la défense : au contraire, les vaisseaux lliés étaient d'un faible secours à l'armée de terre. lenschikoff essaya de profiter de ce succès pour couer les communications de l'armée assiégeante avec le ort de Balaklava. Repoussés de ce côté, les Russes ne urent pas plus heureux quelques jours plus tard à nkermann.

Pendant ce temps le siège suivait son cours réguier, et l'hiver arrivait avec ses rigueurs. Le 14 no'embre une horrible tempête occasionna de nombreux inistres à Eupatoria. Le choléra. le froid décimèrent es troupes. La mort de Nicolas 2 avri. 855), n'exerça iucune influence sur les opérations militaires. Un iouveau bombardement, celui du 9 avril, n'avait enore rien produit. La division commençait à se mettre oarmi les alliés. Pour l'empêcher d'éclater, Canrobert lonna sa démission de commandant en chef, tout en continuant de servir avec une abnégation toute patriotique, sous son successeur Pélissier.

On ne s'était pas contenté d'attaquer la Russie dans la mer Noire. Au mois d'août 1854, les troupes de terre et de mer avaient assiégé et réduit en huit jours la forteresse de Bomarsund, vaste établissement militaire de l'archipel d'Aland, dans la Baltique. On la détruisit. L'année suivante, les contre-amiraux Dundas et Ch. Pénaud s'avancèrent jusqu'à treize milles de Cronstadt. Comme dans la mer Noire, la flotte russe refusait le combat, à l'abri des imprenables fortifications de cet arsenal. On se vengea aux dépens de Sweaborg, autre port de guerre qui protége Helsingfors, la capitale de la Finlande. L'arsenal, bombardé pendant deux jours (9 et 10 avril), fut presque totalement incendié.

Dans la mer Blanche, le capitaine Lyons ravagea, en 1854, la petite ville de Kola, capitale de la Laponie russe. L'année suivante, une autre division fut envoyée dans ces mêmes parages ; elle n'accomplit aucun fait militaire qui mérite d'être rapporté. Elle arrêta seulement le mouvement commercial d'Arkhangel, et revint le 9 octobre, au moment où les glaces se chargeaient de continuer le blocus.

On joignit les Russes jusque dans le grand Océan. Au mois d'août 1854, le contre-amiral Febvrier-Despointes et le commodore Price se dirigèrent avec quatre navires vers le Kamtchatka, et une démonstration fut faite contre Pétropaulosk ; mais elle échoua à cause de l'énergique défense des batteries de la place, appuyées par la frégate *Aurora*, mouillée dans le port. Un débarquement tenté au mois de septembre n'eut pas un meilleur résultat. L'année suivante, les contre-amiraux Bruce et Fourichon furent chargés de venger cet échec. Cette fois, les Russes désespérant d'opposer une résistance efficace, avaient évacué la ville, et s'étaient réfugiés dans leur établissement du fleuve Amour. On ne songea pas à les y poursuivre. En somme, nous les avions trouvés formidablement gardés sur tous les points.

C'était dans la mer Noire que devaient être portés les coups décisifs. Le général Pélissier avait heureusement débuté par la prise de Kertch et d'Iénikalé, qui enlevaient à Sébastopol ses principales ressources de ravitaillement. En même temps, l'escadre alliée, commandée par les amiraux Bruat et Lyons, et munie de bâtiments d'un faible tirant d'eau, bombardait

Taganrog, à l'embouchure du Don, et détruisait ou occupait les principaux ports de la mer d'Azof. D'un autre côté, le siége était poussé avec vigueur. Le 18 juin, l'assaut put être donné à la tour Malakoff; cette fois encore, les alliés furent repoussés. Exaltés par ce succès, les Russes tentèrent un dernier effort pour rompre nos lignes. Les Sardes, attaqués les premiers au pont de Traktir, soutinrent héroïquement le choc, et nos troupes arrivant mirent l'ennemi en pleine déroute. Le lendemain même de la bataille, on reprit le feu contre Malakoff. Enfin, le dernier assaut fut donné le 8 septembre, et la victoire resta à nos armes. Les Russes se retirèrent dans les forts du nord en coulant les derniers vaisseaux de leur flotte.

Pour les contraindre à la paix, une nouvelle expédition fut envoyée dans la mer d'Azof, où l'on s'empara des places asiatiques du détroit d'Iénikalé. Une autre, dirigée contre Kimburn, à l'embouchure du Dniéper, avec des batteries flottantes *blindées*, bombarda la place, pendant que des soldats et marins débarqués l'assiégeaient par terre. Les Russes capitulèrent, après avoir fait sauter le port d'Otchakov, sur l'autre rive. Le second hiver suspendit les opérations actives. Au commencement du printemps, la paix fut signée (30 mars 1856).

La France et l'Angleterre ayant déclaré, au début des hostilités, qu'elles s'interdisaient toute conquête, on admit pour base du traité le *statu quo* territorial avant la guerre, si ce n'est qu'on enleva à la Russie les bouches du Danube, en reportant sa frontière un peu au nord de ce fleuve, dont la navigation fut proclamée libre. L'empire ottoman fut admis dans le concert européen ; la mer Noire, neutralisée ; toute fortification dans les îles d'Aland, interdite; enfin la course fut abolie, et les principes furent posés, relativement au droit des neutres et aux conditions du blocus.

Napoléon III profita de la paix pour transformer en navires à vapeur la plus grande partie de la flotte, modification dont la dernière guerre avait fait reconnaître l'absolue nécessité, et il fut décidé que l'on ne ferait plus de navires à voiles. L'hélice avait été adoptée définitivement pour les bâtiments de combat; et le blindage, dû à l'initiative impériale, reconnu possible. Des crédits supplémentaires annuels furent alloués pour la transformation du matériel naval, d'après les exigences modernes ; et la France, devançant à son tour l'Angleterre, donna l'exemple d'innovations qui ont complétement changé les conditions de la guerre de mer (1).

En 1857, l'Empereur se concerta avec la reine d'Espagne, Isabelle, offensée comme lui, pour mettre un terme aux persécutions que l'empereur Tu-Duc exerce sur les chrétiens et les missionnaires de Cochinchine. Déjà, l'année précédente, une insulte des Annamites avait amené la destruction des forts de Tourane par le commandant du *Catinat*, Lelieur de Ville-sur-Arce. Tu-Duc se refusant à tout accommodement, le contre-amiral Rigault de Genouilly, avec une petite escadre, à laquelle l'Espagne adjoignit deux bâtiments de guerre et un régiment indigène des Philippines, occupa la baie de Tourane en 1858, et, au commencement de l'année suivante, prit d'assaut Saïgon, le principal port de l'empire, près des bouches

____

(1) Voir ce que nous avons dit, à ce sujet, dans notre avant-propos.

du Cambobge. N'ayant pas assez de forces pour marcher sur Hué, la capitale, l'amiral dut borner là ses succès. Sur ces entrefaites, éclatèrent la guerre d'Italie, puis celle de Chine, qui eurent pour résultat d'ajourner les opérations militaires en Cochinchine. Le contre-amiral Page dut même évacuer Tourane pour se concentrer à Saigon.

La rapidité des triomphes de Napoléon III en Italie (six victoires du 20 mai au 24 juin), empêcha la flotte de l'Adriatique de se signaler. Elle était commandée par le vice-amiral Romain-Desfossés, et se composait de six vaisseaux, deux frégates à hélice, quatre frégates à roues, et d'une flottille de canonnières et de batteries flottantes. L'amiral s'établit à Lossini, au nord de l'archipel illyrien. Déjà les vaisseaux avaient resserré le blocus de Venise. Sur le lac de Garde, une flottille de chaloupes canonnières, venues par la voie de terre, allait ouvrir le feu contre la forteresse de Peschiera, quand l'armistice de Villafranca mit fin à la lutte.

En 1860, l'empereur pensa que l'industrie française, considérablement développée, surtout depuis quelques années, pouvait faire sans danger l'épreuve des doctrines économiques qui mettent le progrès dans une sage liberté d'échanges; et c'est dans ce sens que fut conclu avec l'Angleterre le traité de commerce du 22 janvier, dix ans après l'abolition de l'acte de navigation de Cromwell. La France remplaçait les prohibitions par des droits modérés, et obtenait, en retour, la franchise complète, pour la plupart de ses produits, à l'importation en Angleterre. A l'imitation de celle-ci, et en conséquence de ce traité, nous avons rompu le pacte colonial qui, depuis Colbert, nous liait les mains, et entravait le développement de notre commerce. Aujourd'hui nos colonies sont, commercialement parlant, émancipées vis-à-vis de la métropole.

L'année même où se concluait ce traité, la France et l'Angleterre entraient en lutte sérieuse avec la Chine. La dynastie des Taï-Tsing, bien que menacée depuis 1850 par une insurrection de ses propres sujets, n'avait pas craint d'affronter successivement en 1856 l'Amérique, l'Angleterre et la France. Avec l'Union, l'affaire se borna à la canonnade des forts dits de la Barrière, dans la rivière de Canton. Du côté des Anglais, l'empereur de Chine, qui avait déjà eu à subir en 1840 la guerre de l'opium, vit Canton bombardé de nouveau, et la France s'étant jointe à l'Angleterre, l'embouchure du Peïho fut forcée après deux heures de combat. L'empereur se résigna alors au traité de Tien-Tsin (1858), qui ouvrait la Chine au commerce européen, et révoquait les édits de proscription lancés contre les missionnaires. Les ambassadeurs de France et d'Angleterre ayant voulu faire ratifier ce traité à Pékin, on leur refusa l'entrée du Peïho, et ils échouèrent dans une première tentative pour réduire au silence les forts de Takou. Une expédition sérieuse devenait nécessaire. Une armée franco-anglaise de vingt-cinq mille hommes, commandée par les généraux Montauban et Grant, fut transportée sur les côtes du Céleste-Empire par une flotte que commandaient les amiraux Hope et Charner. Après s'être réunis à Hong-Kong, les alliés débarquèrent à Shangaï, occupèrent l'île de Chusan ; puis, se dirigeant vers le golfe de Tchili, prirent terre de nouveau au nord du Peïho, et s'enfoncèrent dans les terres pour prendre à revers les forts du fleuve, pendant que leurs canonnières préparaient un bombardement par mer. Cette double attaque réussit : les forts de Takou furent détruits, et les six estacades qui entravaient la navigation du Peïho renversées. Le gouvernement chinois ne se montrant pas encore résolu à traiter, on marcha sur Pékin. Après avoir battu toutes les troupes opposées à la marche des alliés, tout était prêt pour bombarder Pékin et lui donner l'assaut, quand cette grande ville de quinze cent mille âmes se rendit à environ quinze mille Européens. La paix fut signée quelques jours plus tard : elle confirmait et étendait les avantages précédemment obtenus.

Les Cochinchinois avaient profité du répit que nous leur avions forcément laissé en 1859, pour élever de grands travaux de fortifications dans la plaine de Ki-Hoa, voisine de Saigon. Aussitôt la campagne de Chine terminée, le vice-amiral Charner vint dégager la ville, et, avec un petit corps d'armée de trois mille hommes, emporta, en février 1861, les lignes de Ki-Hoa, après une résistance acharnée. Pendant ce temps, la division navale aux ordres du contre-amiral Page, remontait la rivière de Saigon, puis le Cambodge, au mois d'avril, et enlevait la place de Myt-Ho. Le contre-amiral Bonard, qui remplaça le vice-amiral Charner, dès son arrivée, en décembre 1861, prit possession de l'île de Poulo-Condor, et, l'année suivante, s'empara de Bien-Hoa, en amont de Saigon, et de Vinh-Luong, au-dessus de Myt-Ho. Tu-Duc se décida alors à la paix, et le traité du 5 juin 1862 céda à la France les trois provinces de Bien-Hoa, de Gia-Ding et de Dinh-Tuong, ainsi que l'île de Poulo-Condor. C'est, à six mille lieues de la mère-patrie, une nouvelle Algérie, de deux millions d'habitants.

Quant à la guerre du Mexique, confiée dans l'origine au vice-amiral Jurien de la Gravière, alors qu'il
s'agissait, en vertu de la convention de Londres
(30 octobre 1861), d'une action commune à exercer,
de concert avec l'Espagne et l'Angleterre, la marine
française n'y a été, pour ainsi dire, chargée que de
la pénible et ingrate mission de transporter les troupes, de bloquer les côtes, et de rapatrier les malades.
Mais, au prix des plus rudes sacrifices, elle n'a point
failli à sa tâche, et a dignement secondé, dans cette
expédition, l'armée de terre.

FIN.

TABLE DES MATIÈRES

—

Paris. — Imprimerie DUBUISSON et Cᵉ, rue Coq-Héron, 5

9 782013 684644